自覚なき差別の心を超えるために

宮城 顗

法藏館

自覚なき差別の心を超えるために　目次

凡　例

一、引用文献、および本文の漢字は、常用体のあるものは常用体を使用し、適宜ルビを入れた。

一、「同和」および「同和問題」という言葉については、部落差別（の実態）と部落解放に関する総称で、「融和問題」に代わる名称として一九四一年から二〇〇〇年頃まで政治や行政を中心に広く使用されてきた。近年まで「同和対策審議会」や「同和対策特別措置法」という法律名にもなった。今日、立場や時代情勢を反映して、差別の本質を表す「部落問題」「部落解放」の名称に変わってきている。異なる名称が併存していた当時を反映して、両方を混在して表記した。真宗大谷派は二〇〇四年に「同和運動」を「解放運動」と改変している。

一、理解の一助として、本書末に「水平社宣言」および「業報に喘ぐ」（抜粋）を付録した。

一、引用文献は、以下のように略記する。

『真宗聖典』（東本願寺出版）……………………………………「聖典」

『真宗聖教全書』（大八木興文堂）………………………………「真聖全」

自覚なき差別の心を超えるために

一、人間、この深重なるもの

一、病めるもの

私たちにとって大きな課題である「部落差別をどのように学ぶか」というテーマで、とりわけ親鸞聖人が『教行信証』に引かれた『涅槃経』の「一子地《いっしぢ》」について話してほしいというご依頼をいただいています。そのことを念頭に置きながらお話しさせていただきます。

親鸞聖人は、「信巻」に『涅槃経』を引かれて、

仏性《ぶっしょう》は「一子地」と名づく。何をもってのゆえに、一子地の因縁をもってのゆえに菩薩はすなわち一切衆生において平等心を得たり。
（聖典二二九頁）

と、仏性が一子地であるとされています。その一子地については、さらに『涅槃経』を引いて、

たとえば一人して七子あらん。この七子の中に、（一子）病に遇《あ》えば、父母の心平等ならざるにあらざれども、しかるに病子において心すなわち偏《ひとえ》に重きがごとし。大王、如来もまた爾《しか》なり。もろもろの衆生において平等ならざるにあらざれども、しかるに罪者において心すなわち偏に重し。放逸の者において仏すなわち慈念したまう。
（聖典二六〇頁）

といわれます。

ここに、七人の子どもがいます。この中に一人の子どもが病気になれば、父母の心は、その七人の子どもすべてに対して平等のいつくしみをもつけれど、その病んでいる子に対して心をかけることが重くなるといわれています。

そこに、一子地という言葉の意味があるわけです。病める子という、その病める子とは、地獄に堕《だ》することを自らに自覚せずにいられないもの、つまり罪業《ざいごう》を自らに自覚せざるをえないものを、病めるものとしての一子という言葉で示されているわけです。「いずれの行もおよびがたき身」という自覚を、一子という言葉であらわしているということを念頭においていただきたいと思います。

いま、堕地獄の自覚ということをいいましたが、地獄の自覚というのは、私たちの意識よりももっと深い、我が身の罪業性の自覚を意味するものです。自分で反省して気がつく以上に深く、内に抱えている私の罪業性というものを、私に自覚せしめる教えが、地獄の教説です。私たちが、自分で反省してわかる程度の罪は、これはまだ浅いのでしょう。

さきほど見せていただいた『さくら草の詩』という映画(註)の中で、「知らないということは、ときに罪悪だ」という言葉がありました。つまり、罪悪だと知らないでしたことが、実はもっとも深い罪を起こしてくるということがあるのです。

国の法律からいいますと、人を殺すという事態、一人の人間のいのちを奪うということでも、そこに殺意があったかどうかで罪の重さが変わってきます。そのとき、ほんとうに殺そうという意志があったのか、偶発的なことだったのかが問題になる。そして、国の法律では、作意つまり殺意があったほうが罪が重くなるわけです。たとえば出刃《でば》包丁で人を刺したという場合に、その刃が上を向いていたか、下を向いていたかで、殺意があったかなかったかを判断するそうです。とにかく、殺意のあるほうが罪が重いとされています。

けれども、自覚的なことからいいますと、自分で意識して犯していることは、そこに犯したことに対する心の重さを、必ずともなってくるのです。たとえば、自分で差別だと自覚しながらあえて差別するとき、その人の心は平静ではなくなります。何かそこに、やはりいろいろな人間の感情、自分の感情というものが当然動いているわけで、自分の取った態度ということが、やはり心に深く残ります。そのことを反省するかしないかは別として、心に深く残るはずです。

ところが、自分で差別とも思わずに犯している差別というのは、それが無意識であるだけに、自分の犯した罪というものが、まったく反省されることはありませんし、心の痛みとなることもない。したがってその心は、これからも限りなく差別を続けていく心のままなのです。

私たちは、無意識に差別言辞を弄《ろう》します。けっしてそんな意識でいったのではないといってもその言辞は、おのずとあらわれた差別心というものであって、折あるごとに出る差別心なのでしょう。無意識であるだけに根深い。そしてそれが無意識であるだけに、これからも無限に続く可能性をもった罪だということです。そしてそれはさらに、自分ではいいことをしているつもりで、差別を続けていくことすらあるのです。

(註) 一九七九年、東映(埼玉県教育委員会企画)制作、人権啓発映画

二、意識より深い罪業性

さきほど見た映画の中で、主人公の夫婦の間で交された会話がありました。まわりから差別を受けている妻が、自分のために夫に迷惑や嫌な思いをさせ、自分の子どもにまで嫌な思いをさせるといって悲しむ。それに対して夫から、

「もうそんないたわりは、卒業したはずだ」

といわれていました。あの言葉を耳にしたとき、私は思い出したことがありました。

私はいま、九州の大学に勤めていますが、その大学の関係で、目の不自由な方のグループと知りあいになり、いろいろと話しあう場をもったことがあります。そのグループの人たちと、たまたま一緒にドライブに行こうということになりました。そのグループには、晴眼者の人も加わっておられますし、それからわずかに見える方もおられて、見える程度がバラバラでした。もちろん、まったく見えない方もおられました。それで夕方、急に皆でドライブに行こうということになりまして、車に分乗して博多湾に夕陽《ゆうひ》を見に行ったのです。それで、博多湾に着いたら、ちょうど博多湾に夕陽が沈むときで、まわりの島々が黄金《こがね》色《いろ》に輝いていて、思わず「ワァー、きれいだなあ」と口に出かかりました。思わず言葉が出かかったのですが、私は出かかった言葉を呑《の》みこんでしまいました。

その時、私は横にまったく目の見えない人がおられることに気がついたのです。その見えていない人の横で「ワァーきれいだ」といえば、誰でもやっぱり見たいと思うでしょう。しかし、その光景が見えない

人には、感嘆の言葉が逆に目が見えないことの悲しみを、深めることになるのではないかと思ったわけです。とっさにそのような思いが心の中を走った。そのために私は、「ワァーきれいだ」といいかけた言葉を、思わず呑んでしまいました。その時は、それこそ自分ではですね、それがいたわりだと思ったのです。

そうしたら、視力がまだ半分ほど残っている方たちが、「ワァーきれいだ」とこういわれるのです。そうすると、まったく見えない人たちが、「どんなに？」と身体をのり出して聞かれるのです。そうすると、わずかに見える人たちが、そのわずかに見える視力で見て、見えた風景を一生懸命その人たちに教えるわけです。こうだこうだといって、その景色がどんなに美しいか。まったく見えない人に、何とか伝えようとして、一生懸命説明しているのです。その姿を見た時に、私は愕然《がくぜん》としました。

私は、いたわりのつもりで言葉を呑んだのですけれども、それはやはり差別だったのです。目が不自由であろうと、美しいものを見たい、美しさを感じたい、そういう心をもった普通の人なのです。たまたま目が見えないということですけれども、人間として何かが欠けているわけではない。ただ目が見えないという状況、そういう条件を背負っているだけなのです。

そして考えてみれば、私たちが音楽を聞き、映画を見たりして感動すれば、友だちに必ずそれを伝えようとするはずですね。もうその音楽会はすんでしまっている。もうその友だちは聞けないということであれば、なおさら一生懸命にその感じた感動を伝えようとするはずでしょう。

それがなぜ、目の不自由な人の場合には、見えないからといって、かわいそうにという思いで伝えなかったのか。ここにやはり、差別という心があったのではないか。いたわりという形で、同情という形でそこにあったものは、この自分と違った人として何か差別していた心であったわけでしょう。

本当に一人の人間として出会っているならば、そんないたわりはしないはずですね。素直に自分の感動をぶつけるはずなのです。何とか自分の感動を伝えようとすることが、そこに当然なければならない。その場で、わずかに見える仲間が、一生懸命伝えようとしている姿を目の前にして、そういう自分のいたわりという形で動いている差別心というものを、いやというほど思い知らされたということがありました。

その時には、たまたまそういう仲間がいてくださったので、私はそのことを痛切に教えられたということがあるわけです。けれどもそれがなければ、私はいたわっているつもりで、同じことをいつまでも続けることになったと思います。そのようなことは、けっして自分だけでは目覚めることができない心です。ですから、そういう形でずっと私は差別し続ける。いたわるという形で、差別し続けるだろうと思います。そういう意味で、私たちに意識できる範囲の罪業性というものは、それは非常に浅いものだということです。意識よりももっと深い罪業性は、もとより意識よりも深いのですから反省しても自覚できない。そういう罪業性を、私たちの自覚にまで呼び起こしてくる教えが、この地獄の教説なのです。

三、いのちが抱える矛盾

地獄について詳しく説かれたのは、源信僧都《げんしんそうず》の『往生要集』です。そこでは、地獄について、

　初めに等活《とうかつ》地獄とは、此の閻浮提《えんぶだい》の下、一千由旬《ゆじゅん》に在り。（真聖全一、七二九頁）

と、その世界が地下一千由旬に始まるとしてあります。

地獄の「地」というのは、私の存在の足もとです。言葉を換えていえば、私が生きているその生存のも

っとも深い所ということでしょう。そして、「一千由旬」というのは、私の意識よりもっと深い、私の身に深く根ざしているその深さをあらわしています。そして私をそこに縛りつけている。お互いに傷つけあい、争いあって生きていかなければならないような、そういう在り方に私を縛りつけている。そういうものであるという自覚を促す言葉として、地獄が説かれているのです。

『往生要集』には、

第一に地獄、また分かちて八となす。一には等活、二には黒縄《こくじょう》、三には衆合《しゅうごう》、四には叫喚《きょうかん》、五には大叫喚、六には焦熱《しょうねつ》、七には大焦熱、八には無間《むけん》なり。（真聖全一、七二九頁）

と、八大地獄が説かれています。

一番最初にあげられている地獄が「等活地獄」で、そこには、

昔放逸《ほういつ》にして殺生せるもの、此の中に堕す。（真聖全一、七三一頁）

と、殺生を犯したものが堕《お》ちるといわれています。

仏教でいう罪業というのは、たんに自分が犯した行為についていわれるのではありません。もっと深く、私の生きている在り方そのものが抱えている矛盾性、そういう私の生存、生きている在り方というものが、内に深く抱えている矛盾というものを罪業という言葉で教えられています。その一番端的なあらわれが、この殺《さつ》ということです。つまり、生というものは、必ずそこに死ぬという事実を含んでいますが、同時にそれは殺すということによって成り立っているという事実があります。殺し続けて生きているのです。つまり他のいのちを奪い続けて、我がいのちを養っている。これは、生きている限りまぬがれない矛盾なのです。

生が死を含んでいるということは、別に矛盾ではありません。ひとつのいのちが、生という在り方をとり、死という在り方をたどる。これには矛盾はないのです。けれども、生が殺によらなければ保てないということ、これは矛盾ですね。どんな生といえども、生きんとするいのちなのです。食物としてのいのちなどというものはないのです。我われは、生活の中でそれを食物としてしまっている。けれども、その食物といっているものも、実はいのち、生きようとするいのちなのです。そのいのちを奪わなければ、我がいのちを保てない。だからといって、他のいのちを奪うことをやめれば、こんどは身にたまわったいのちを無駄にすることになるわけです。我がいのちを無駄に放棄することになる。私のいのちといえども、私の自由にできるものではありません。いのちはこの身にたまわったものです。

ですから、自らのいのちの中に、殺というものを含んでいるという矛盾がある。それは、生きている限り、いのちある限り、まぬがれない矛盾です。この人間である限り、必ずそういう矛盾を抱えて生きている。そして、それは社会に移していきますと、必ず人を妨げ、人を傷つけなければ、自分というものを通していけないという、深い矛盾を抱えているということです。そういう罪業性を、我がいのちが抱えているという矛盾性を教えているのが仏教です。

四、自分は正しいという罪

地獄の最初に出てくるのが、等活地獄です。その地獄へ堕ちますと、ある人は刀で頭の先から足の先まで切り刻まれる。あるいは、鉄の棒で頭の先から足の先までゴシゴシと押しつぶされて、そして足の先までいく。それでやっと終わったかと思うと、一陣の涼風が吹いてきて、そして獄卒《ごくそつ》が「活々《かつかつ》」と叫ぶ。すると、粉々に切り刻まれてしまったその亡者《もうじゃ》が、またもとの形になる。そしてまた頭から同じように切り刻まれる。終わったと思うとまた風が吹いて、また一から切り刻まれる。そのように、等しく生き返って限りなく罰を受けるというところに、「等活」という名の意味があるのです。

この等活という名は、いろいろな意味で迫ってくる言葉です。ひとつには、それは死んでも帳消しにならないような罪業性というものの自覚をあらわすのでしょう。死んだらきれいになくなるというような罪業であるなら、罪業といっても簡単な話です。それなら、自殺すればすべてが済むのですから。しかし、本当の罪業性の自覚というのは、死んでも帳消しにならないものを自分の中に見いだすということです。そういう底のない矛盾を自覚する。そういうものを、そこに見いだす。それが、等活という言葉で教えられていることです。

そして、八大地獄の最後は、「無間地獄」で、これは阿鼻《あび》地獄ともいわれます。地獄というのは、私の存在の足もとにずっと広がっているものですが、その地獄の一番深い最底所にあるのが阿鼻地獄であり、無間地獄です。しかもその無間地獄では、亡者は頭を下にし、足を上にして無間に堕ち続けると説かれています。つまり、一番深い最底所に開かれている阿鼻地獄は、同時に底のない世界です。これでしまいということがないのです。これはつまり、罪業というものに底がないということをあらわしているのです。

一番深い地獄というのは何かといいますと、そこに堕ちるのは、

> 五逆罪を造り、因果を撥無《はつむ》し、大乗を誹謗《ひほう》し、四重を犯して、虚しく信施を食えるもの、此の中に堕す。
>
> （『往生要集』真聖全一、七四〇頁）

といわれるように、謗法《ほうぼう》の罪を犯したものが堕ちると説いてあります。つまり、謗法というのが、一番深い罪だということです。

考えてみますと、人を殺すということが罪だということはよくわかります。ところが、誹謗正法、正しい教えを謗《そし》るということがなぜ罪になるのか。それは、その人は間違っている、迷っているということはあるかもしれませんが、それにしてもそれがなぜ罪なのか。具体的に人を傷つけたり殺したりすることが罪だということはわかるけれども、正しい教えを謗るというのは、考えの相違、自分の生き方の相違ということだけではないのか。それは、人に迷惑をかけるものでもないですね。その人がそういうふうに考えて生きるということですから、それはそれでいいのではないか。ところが、この地獄の教説では、それが一番深い罪だといわれているのです。

その謗法という在り方を生み出しているものは、邪見だといわれています。その邪見というのは、因果、作用、実事《じつじ》（事実）を否定する心だと『成唯識論《じょうゆいしきろん》』では教えられています。

因果を否定するというのは、簡単にいいますと、自分に責任をもたないということです。いわゆる無責任な在り方です。自分の在り方というものに対して、まったく責任をもたない。それから、作用を否定するというのは、作用は、私が生きていくためには限りない多くの作用を受けている。つまりお陰を受けているということを信じない。自分の力だけで生きていると思っているものですから、そのように、お陰ということを感覚できない在り方です。

そして実事を否定するというのは、真に尊いものを否定する。尊ぶべきものを尊ばない。まあここのところでいいますと、一人ひとりの人間の尊厳性というものを少しも自覚できない。真に尊ぶべきものの尊厳性を無視して、人を貶《おとし》め傷つけて平気でいるという在り方です。ですから、そこにあるものは、結局自負心であり、自認の心です。自分は、俺はと自分を主張することはあるけれど、その自分を疑うことを知らない。そこには、自分こそは正しいのだという自負の心しかない。そういう自負心というものが、限りない罪業性というものを生み出し続けて、しかもそのことに無自覚なのです。

つまり、もっとも自分の罪業の自覚から遠い在り方が謗法です。自分を疑う心をもたない。自分をふりかえる眼をもたない。そしてその自分をふりかえる眼をもたない在り方というのは、一番危険なのです。自分を絶対化した時には、必ず人を傷つけることが起こる。地獄の教説というものは、そういう私たちが無自覚に無意識に、繰り返し繰り返し犯し続けている罪業性というものを、私たちの自覚にまでうながし続けてくださっている教えなのです。

五、宗教心が開く世界

そして、それを広げていいますと、これは四十八願、法蔵菩薩の本願の出発点である第一願は、

たとい我、仏を得んに、国に地獄・餓鬼・畜生あらば、正覚を取らじ。

（『無量寿経』聖典一五頁）

という、「無三悪趣《むさんあくしゅ》の願」です。その「三悪趣」というのは、地獄、餓鬼、畜生ですが、地獄は私たちのそういう罪業性を明らかにしてくださるのです。けれども、餓鬼というのは、何も、食べたり飲んだりすることができないで、何とかそれを手に入れようとしている姿だけが頭に浮かびますけども、経典に説いてある餓鬼というのはそれだけではなく、「有財餓鬼」「無財餓鬼」という両方の在り方が説かれているのです。

餓鬼というのは、何もなくて欲しがっている在り方だけではなく、有ることにおいていよいよ飢えているもの、手に入れたことによっていよいよ欲望が深くなっているものでもあるのです。ようするに、餓鬼というものは、物に振りまわされた在り方です。物に振りまわされることにおいて、身にたまわっているいのちの尊さを見失っている在り方です。外に物を追い求めて、心が貧しくなっている、その心の貧しさを餓鬼といわれる。あればあるで、なければないで、物に振りまわされる。

そして、次の畜生というのは、「傍生」ということです。いつも人にもたれて生きるという在り方をしているものです。「傍生にして自立することあたわず」といわれます。自立のできない在り方です。つまり、甘えの構造です。畜生といいますと、いつも他と争っている姿が思われるわけですが、そのもとにあるのは、実は甘えの根性ですね。甘やかされて育っている子どもほど、聞きわけがなく、すぐにわめくのです。いつも他にもたれて生きているものほど、人に要求することばかりを知っていて、自分でつくすということを少しも知らない。そして、人をいつも手段にしていくのです。自分のための手段として、人を扱っている。

ですから、地獄は、人間の罪業性というもの、つまり内に深く抱えている矛盾を自覚せしめる世界です。また餓鬼とは、身にたまわっているいのちの尊さを忘れている在り方で、そして畜生というのは、人を手段としていつも自分の要求ばかりをしている在り方です。そういう心というものが、私たちの生活、私が生活していくなかに常に動いている。そういう心が、いろいろな問題をひき起こしてきている。しかもそれが、常に私たちの意識というものから漏れ出ているのです。そういう意識しない私の問題が三悪趣《さんあくしゅ》として教えられています。ですから地獄があるから、信心して地獄から逃れるということではないのです。信心によって地獄が見えてくるのです。三悪趣が見えてくるのです。教えに遇うことにおいて、三悪趣の我が身というものが知らされてくるのです。

差別ということでいいますと、先ほどもいいました、なんとなく意識しないで差別をしているということがあります。そのような無意識に表に出てくる差別というものを克服できない限り、本当には、差別というものの現実が克服できません。形は変わり姿は変わりましても、なんとなくはたらくような意識せずに出てくる差別というものが、私たちの意識から漏れ出てくるのです。どういう形で出てくるか、いつ出ているか知らないままに差別しているという現実があるわけです。そういう差別意識を抱えていることを、私たちにつきつけて見せてくださっているのが、三悪趣の描写なのです。

ですから、三悪趣というのは、そういう世界があるということではない。いわゆる宗教心の内容なのです。宗教心が開く世界の姿です。

今までは、私たちが三悪趣の教説というものをひとつの実体的なものとして説いて、差別を助長してきたという歴史があるわけです。いわゆる教説というものを利用して、人びとの目覚めようとする意識をかえって眠らせてきた。そういう歴史を、私たちは抱えている。それだけに、私たちは、深く真の教えの意味というものを改めて教法に聞いていかなければなりません。そういうことが、そこに思われることです。

六、濁《じょく》という在り方

穢土《えど》と浄土ということでいいますと、いままでは、穢土であるこの世ではもうあきらめて、あの世の浄土をたのみとしなさいという言い方がされてきて、そのことで差別を助長してきたということがあるわけです。ですから、真の地獄の教え、浄土の教えは、そういう意味ではなかったということを、はっきりと学ぶ必要があると思います。

まず浄土ということですが、浄土というのは詳しくは、清浄の土という意味です。浄土の徳を総じてあらわす言葉が、清浄功徳です。清浄というのは、清も浄も「きよらか」という意味の字ですが、その清という字は、濁《だく》に対する言葉です。清濁《せいだく》というのが対です。それに対して、浄というのは、穢《え》に対する言葉です。ですから、浄穢といわれます。

そして、浄土というのは、現実の濁《じょく》と穢に応えようという願心があらわれている名です。濁と穢の現実を悲しみ、濁穢《じょくえ》の現実に応えようという。もうひとついえば、浄土において、この現実の濁穢性が明らかにされてくるのです。同時にその明らかになってきた濁穢、穢土としての現実に応えようとして荘厳されてきたのが浄土です。ですから、浄土は、向こうにある世界ではない。いまこの穢土に応えている世界だということが、まず根本にあります。穢土が終わってから浄土へいくと、そんな浄土は浄土ではありません。穢土に応えようという願心の世界が浄土です。穢土を悲痛する心によって、荘厳されている世界が浄土なのです。

濁穢というときの、この濁というのは、にごっているということ。にごっているということは、そこにある存在が全部ぼやけているということです。水が濁っていますと、水の中のものはぼうっとしか見えなくて、はっきり見定められない。そのぼうっとしてあるものの一番根本は何かといいますと、自分自身ですね。自分にとっては、自分が本当にわからない。自分はどうなれば本当に満足できるのか。どうすれば自分は本当に生きたと、自分で自分にいえるのかがわからない。

　私たちは、次つぎに願いを立てていまして、その願いを追いかけています。けれども、それは結局どうすれば本当に満足するのかがわからない。次つぎに願いを追いかけて、願いを満たして、気がついたら独りぼっちになっていたということが、現実としてはしばしばあるわけです。たしかに、さしあたっての願いははっきりしています。けれども、根本的な願いがはっきりしない。根本的に何を願っているのか。自分の根本的な願いというのが、見つからないままに生きている。

　曇鸞大師は、「蚇蠖《しゃっかく》の循環するがごとし」（真聖全一、二八五頁）という譬えを出しておられます。「蚇蠖」というのは、尺とり虫のことです。尺とり虫が、輪の上を一生懸命はっている。尺とり虫は、全身をうねらせてひたすら歩いている。ところが、輪の上を進んでいるので、いくら歩いても目的地には着かないのです。これによって、一生懸命生きているけれども、結局は繰り返しで、いくべき方向を持たないという生き方を示しておられます。そのように、人生の方向がないままに生きているのが、濁という在り方です。

七、課題を背負った存在

　それに対して「清」というのは、ただきれいだということではありません。これは「満足自体」という言葉で押さえられています。本当に私というものが引き受けられる。私を引き受けられない姿が、愚痴です。愚痴は醜いのです。自分の事実を引き受けて、満足自体するということは、別の言葉でいえば、宿業の自覚ということです。この宿業ということについて、「いのちに宿っている使命」と教えられたことがあります。私たちには、一人ひとりにこの私のいのちにおいて果し遂げるべき使命がある。そういう使命をもった身だと教えられました。人に代わってもらうことのできない、それぞれ自分のいのちをもって果し遂げるべき課題がある。そのように、課題を背負った存在だということに気づくことが、宿業の自覚です。

ですから、宿業の自覚ということは、「これが私の宿業だから仕方がない、あきらめる」と、そういうことではないのです。それは宿業観ではなくて運命論です。本当の宿業の自覚とは、私に与えられてある課題がある。どのようないのちにも、そのいのちが果し遂げるべき使命がある。その自分が果し遂げるべき使命が何であるか、それが自分に明確になってくるときに、満足自体ということが開けてくる。人と比べて一喜一憂するのではない。この自分というものを尽くしていく生き方というものが、そこに押し出されてくるのです。そういう生き方が、「清」という言葉であらわされている。これが濁に対する清です。

それから、「穢」というのは、常に自分の思いに閉じこもっているという在り方を、穢という言葉であらわします。この世は穢土だというのは、けがれているということです。そのけがれているということは、汚いということではない。お互いが自分の思いに閉じこもって、それぞれ自分の垣根をつくって生きている在り方が穢土です。

曇鸞大師は、この穢土の姿を、「蠶繭《さんけん》の自縛《じばく》するがごとし」（真聖全一、二八五頁）という言葉で譬《たと》えておられます。蚕《かいこ》が繭《まゆ》になるとき、口から糸を出して自分の身を覆うわけですね。自分の身を守るために口から糸を出して我が身を覆いつくす。覆いつくしてこれで安心と思った時は、実は外が見えなくなった時ですね。それで、熱湯のなかへ放りこまれて、糸をつむがれてしまう。そのような「蠶繭自縛」という言葉で、穢土の姿をあらわしておられます。

自分の口から出した糸というのは、私たちの生活のうえからいえば、自分の思いということです。私たちは、自分の思いをつくして一生懸命自分を守るのです。ところが、自分を守るためにしたことで、かえって事実が見えなくなる。現実がわからなくなり、結局自分の存在を失うことになるのです。そういう姿を、「蠶繭自縛」ということであらわされています。

『無量寿経』では、そのことが、

身愚かに神《たましい》闇く、心塞《しんふさが》り意《こころ》閉じて　（聖典六一頁）

と説かれていて、「心塞り意閉じて」といわれています。

お互いに自分の心に閉じこもり、自分の思いに閉じこもる。そのためにバラバラになり、お互いに傷つけあう世界というのが、穢土の相です。

それに対して「浄」というのは、『無量寿経』では、

耳目開明《にもくかいみょう》して長く度脱《どだつ》を得《え》つ。　（聖典六三頁）

心開明《こころかいみょう》することを得つ。　（聖典六四頁）

と、「耳目開明して」とか、「心開明することを得つ」という言葉であらわされています。

耳が開かれ、目が開くといわれますが、耳が開くということは、言葉が通じるということです。穢土は言葉の通じない世界。親子の間でも言葉が通じない。目が開くというのは、事実が見えるということでしょう。その穢土にあって、耳目開明で言葉が通じ、事実が見えるようになる。それが浄土です。これは、私たちが本当に人間としての自分をまっとうしていける世界です。そのように、濁と穢に苦しむものを、

真に人間として成就させようという願心によって荘厳された世界が浄土です。

八、生きぬく力

ですから浄土は、けっしてただ向こうにある理想郷ではないのです。かえって浄土に触れる時に、はじめて私の現実、つまり穢土を生きていけるようになる。穢土こそ私の生きる場所であり、浄土は逃げこむ場所ではありません。穢土を捨てて浄土へ逃げこむというなら、その浄土は天上界でしかない。浄土は逃げこむ世界ではない。いかなる穢土のなかであっても、自分というものを見定めて生きていける。そういう歩みを引き出し、支えてくださる世界が浄土です。ですから、浄土というのは、向こうにあって、そこへ到達して救われる世界ということではない。往生浄土という生活を、私のうえに開いてくださる力なのです。

親鸞聖人は、「浄《じょう》を欣《ねが》い穢を厭う」と「穢を捨て浄を欣う」ということを、明確に区別して教えてくださっています。

「総序」には、「捨《しゃ》穢《え》欣《ごん》浄《じょう》」が説かれ、

穢《え》を捨て浄《じょう》を欣《ねが》い、行《ぎょう》に迷《まど》い信に惑《まど》い、心昏《くら》く識《さとり》寡《すく》なく、（聖典一四九頁）

というように、迷いの姿として説かれています。

「捨穢欣浄」というのは、浄土が目的地になっているわけです。穢土を捨てて、浄土に生まれたい。浄土を向こうにおいて、その浄土にいこうという。これは、結果に生きる心です。そのように結果を求めて、浄土に到達することを目的にして生きていくと、必ず行に迷い、信に惑うということが生まれてくるのです。浄土に到達するまで迷いが続く。そのために、「行に迷い信に惑い（迷行惑信）」ということが、おのずと出てくる。目的を立てて、目的を達成しようとする歩みというものは、目的を達成するまで絶えず迷わなければならないのです。

それに対して親鸞聖人は、願生浄土の道は、欣浄厭穢《ごんじょうえんえ》の歩みだとおっしゃっています。「欣浄厭穢」というのは、「信巻」に説かれています。

大信心はすなわちこれ、長生不死《ちょうせいふし》の神方《しんぽう》、欣浄厭穢《ごんじょうえんえ》の妙術《みょうじゅつ》、
（聖典二一一頁）

このように親鸞聖人は、「欣浄厭穢」というのは、信心そのものの願生浄土の道をあらわす言葉として説かれています。

「欣浄厭穢」というのは、「浄を欣う」ということが歩みのもととなる生き方です。ですから、浄土は歩みの根処となります。「捨穢欣浄」においては、浄土は目的になります。それに対して、「欣浄厭穢」の歩みでは、浄土は私が穢土を生きていく依《よ》り処《どころ》となり、歩みの根拠となり、歩む力のもととなるのです。

私たちは、浄土に触れる時はじめて、穢土を生き抜く力を得ることができる。担うべき課題を担い続けていける。そのように、穢土にあって穢土を生き抜くという、立つべき世界というものをたまわることによって、歩みをつくすことができる生き方をたまわるのです。

厭穢ということは、いのちある限り続くのです。いのちある限り、問題がなくなるということはない。この世に生きる限り、問題を抱えるのです。その終わりなき歩みに耐えて、歩みを続けさせる世界が浄土です。願心の世界です。人生には、ゴールインということはない。ゴールは向こうにあるのではない。私

たちは、ゴールから押し出されてきた存在です。歴史から押し出されている存在なのです。ですから、一歩一歩、最後までの一歩一歩が、私が遇いえた歴史、遇いえた世界のたしかめになるのです。「捨穢欣浄」は理想主義です。それに対して、「欣浄厭穢」の願生道は理想主義ではない。そういうことが、親鸞聖人において、明確に区別されています。

浄土に出遇うことにおいて、いよいよ穢土がはっきりしてくる。穢土の姿がはっきりしてくる。穢土の相を教えられることにおいて、いよいよ浄土の願心に頷《うな》ずかされていく。浄土と穢土は、同時に深まるのです。浄土に遇えば穢土が消えていくのではない。浄土に出遇うことにおいて、穢土の相を教えられ、穢土の相を知らされることにおいて、浄土の願心に頷かされていくのです。

九、浄土のいのちを捨てて

地獄というのは、私たちの宗教心が開いてくる世界。宗教心が、そこにはじめて自覚してくる在り方でした。ですから浄土ということも、やはり宗教心が開いてくる世界なのです。

仏教では、諸仏の世界が説かれています。その諸仏には、全部浄土があるわけです。仏の世界を浄土といいますから、仏である限り浄土をもっている。けれども諸仏の浄土は、その仏の境界です。その諸仏のさとりが開く境地といってもいいわけです。仏の境界、仏が開く境地です。ですから、仏になったものだけ、同じ仏になったものだけが住むことのできる世界、頷くことのできる世界です。その意味では、諸仏の浄土というのは、来る人を待っている世界です。来る人はどんな人といえども拒まないけれども、来る人を待っている。言い方を換えれば、自分と同じ高みにまでのぼって来る人を待っているわけです。

それに対して、これは親鸞聖人が非常に尊ばれました曇鸞《どんらん》大師の『浄土論註』の言葉なのですが、

共に同じくかの安楽仏国《あんらくぶっこく》に生ぜしむ。かの仏国は、すなわちこれ畢竟成仏《ひっきょうじょうぶつ》の道路、無上の方便《ほうべん》なり。

（「証巻」聖典二九三頁）

といわれています。曇鸞大師は、浄土は道路だといわれているのです。

安楽浄土は、仏が開かれた世界ではない、「畢竟成仏の道路」で、すべての存在を仏たらしめんとする道路なのだといわれる。しかも無上の方便だと。

曇鸞大師は、道路ということで、安楽浄土というのは、すべての人びとを迎え入れずにはおかないという願心が開き成就した世界だといわれるのです。安楽浄土は、けっしてたんなるさとりの世界ではなく、願いの世界なのです。願いにおいて、その願いをすべての人びとに伝えるための世界です。そのように曇鸞大師はいわれています。道路というのは、誰でもが通れるものです。そしてひとたびその道を歩けば、必ず目的地にいける場合を道路という。誰でもが目的地にいけるのが道です。

つまり安楽浄土というのは、一切の人びとを安楽にならしめんという、安楽にせしめたいという、その願いを送り続けている世界です。「無上の方便」とありますのは、その道路はこちらから開いていく道路ではない、向こうから私のうえにまで開かれている道路だという意味です。安楽浄土は道路である。しかもそれは、私がこれから一歩一歩切り開いていく道路ではなく、向こうから開かれている道路なのです。

ですから、浄土に往生するということは、その願いをたまわるということなのです。願心に生きる身にさせていただくということ。たんに安楽になることではない。本当にひとつの願いというものを、私のな

かに燃やしてくださる世界です。ですから、安楽浄土に生まれたら、安楽浄土を捨てるといわれます。

『浄土論註』に、

もし人ひとたび安楽浄土《あんらくじょうど》に生ずれば、後《のち》の時に意《こころ》「三界に生まれて衆生《しゅじょう》を教化《きょうけ》せん」と願じて、浄土の命を捨てて願に随《したが》いて生を得て、三界雑生《ざっしょう》の火の中に生まるといえども、無上菩提《むじょうぼだい》の種子畢《ひっ》竟《きょう》じて朽《く》ちず。

（「証巻」聖典二八二頁）

とあります。これが浄土に生まれたということであるといわれます。

浄土に生まれたということは、浄土に腰をおろすことではない。逆に、浄土のいのちを捨てて、三界雑生の火のなかに生まれてもなお、無上菩提の種子、真実を共に生きようというその心は朽ちることがない。そういうものにしようというのが、浄土建立の願心なのです。

ですから、浄土というのは、どこかにあるものではないのです。そういう世界がどこか向こうのほうにある、死んだ後にあるということではない。いうならば、「無上菩提の種子畢竟じて朽ちず」という願心に生きるところにあるのです。そういう願心に生きるということを、藤元正樹君は、『解放への祈り』(註)（東本願寺出版）の中で、差別を克服する視座を、「ひとたび死をくぐって生きる」ような思想だという表現をしています。これは、簡単にいえば往生ということをあらわしているのですけれども、ともかくそこにひとたび自己というものに死ぬということがあるのです。

（註） 一九七八年「部落問題学習」テキスト『仏の名のもとに』普及のための指導要項研修会の講義録。

十、ひとたび死んで生きる

差別の問題ということも、さきほどからいいますように、無意識のなかにまで深く根ざしている、私たちの差別心を克服するということが課題になります。そういうことは、ひとたび死んで生きるような、そういう歩みのなかでこそ、荷《に》なわれることなのでしょう。

それはさらに踏みこんでいいますと、自分の力をたのみとする在り方に死んで、この身にたまわっている恩徳をいただいていくといいますか、そういう生に目覚めるという意味が、そこには押さえられるかと思います。つまり、そこにはひとたび死ななければならないということがあるわけです。

「自分の力をたのみとする在り方に死ぬ」ということについて、私はこう思うのです。現代は、いわゆる能力主義の社会だといわれます。中国に残された孤児の人たちが、親や肉親を求めて日本へ帰ってこられて、幾組かの出会いがありました。その時に、既に日本に帰っておられた中国残留孤児の先輩の人の言葉として、「日本は能力主義の社会だから、非常に不安だ」と、将来の生活に対して不安だという訴えをしておられました。まさしく日本は、資本主義社会で能力主義の社会です。そこでは人間というものは、全部能力でその価値が決められていく。人間というものを見るのに能力で評価する。学力、財力、権力というように、全部力ですね。力でその人間の存在の価値を見分けていくわけです。

そのような社会の中で、今の子どもたちは、学力ということで将来が決められてしまう。学力がないと、受けたい大学も受けさせてもらえないという現実があります。そのように、人間が力で区別されていきますと、そこに出てくるのは人間の段階づけです。そして、そういう段階づけられた社会においては、必ずその息苦しさを解消するために、気ばらしをさせてくれる存在を求めることになる。

これは、被差別部落というものが生まれてきた歴史というものを考えても、同じことがいえると思います。『仏の名のもとに――部落差別問題学習テキスト』（東本願寺出版）には、

このような封建制度のしくみを維持し、分割支配を強めるために、しずめの役としての部落差別がながく続けられることになったのであります。（『仏の名のもとに』四八頁）

といわれています。

ここに、「しずめの役」ということがいわれています。封建時代の身分制度で分割されて、下層に押しこめられている人びとの怒りや不満というものを「しずめる」ために、政治的につくられたものが被差別部落だということです。つまり、自分よりまだ下があるということで胸をなでおろす。そういう「しずめの役」として、身分差別が続けられたといわれています。

力の世界では、必ずこういうことが出てくるのです。これは政治的につくられたものですが、今日学力主義の学校で出ている「しずめの役」は何かといいますと、いじめられる子ですね。これは、学力、成績で追いつめられている子どもたちが、自分たちで作り出した「しずめの役」です。

抑圧されるところでは、かならず不満を晴らすために、さらに抑圧する存在を生み出してくるのです。それが、学校では「いじめられる存在」を生んでいるのです。ですから、必ずいじめられっ子が作り出されるのです。しかも、そのいじめっぷりというのが、徹底しています。

それがさらに、民族意識というものと重なりあって起こったのが、林君の事件です。

埼玉県上福岡市立第三中学の林賢一君は、一九七九年九月九日にビルの屋上より飛びおりて自殺しました。その背景には、中学校での集団的いじめがあり、それには朝鮮籍三世であった賢一君に対する民族差別がからんでいたとされています（金賛汀著『ぼくもう我慢できないよ』『続・ぼくもう我慢できないよ』一光社、参照）。

力の社会では、必ずそういう「しずめの役」を政治的にも作り出してくる。それはその世界に生きるもの自身も、無意識のうちに作り出していくのです。学校でいじめられている子どもでも、何でいじめられているのかわからない、理由がないのです。なんとなしに、クラスのなかでひとりがいじめのターゲットにされる。そして、その子ひとりがいじめ抜かれる。その子をいじめることにおいて、自分たちの鬱屈した気持ちを爆発させて発散させていく。これは人間が能力で区別される時には、必ず出てくる問題なのです。

ですから、私たちが自分の力をたのみにする限り、いかなる形であれ必ずどこかで差別を生み出すのです。親鸞聖人は、『教行信証』の「後序」で、

しかるに愚禿釈《ぐとくしゃく》の鸞《らん》、建仁辛《けんにんかのと》の酉《とり》の暦《れき》、雑行《ぞうぎょう》を棄《す》てて本願に帰す。　（聖典三九九頁）

と、「雑行を棄てて本願に帰す」といわれています。その雑行を棄てるというのは、我が力をたのみとする歩みを捨てるということです。「雑行を棄てて」といわれていますが、これは雑行とよばれるいろいろな行を捨てるということではないのです。念仏以外の行を捨てたということではなくて、自分の力で、自分の力をたのみにして歩んでいくような、そういう一切の歩みを捨てるということなのです。自分の力をたのみとして、自分の力を強大にすることで幸せをつかもうとする。そういう生き方を根底から捨てると

いう意味を、「ひとたび死をくぐって」というのでしょう。

親鸞聖人は、他力の生活ということを明らかにしてくださいました。この他力ということは、努力をしない生活ではありません。また、人の力をあてにして生きる生活でもありません。努力ということでいいますと、自分の力をたよりにし、自分の力を誇る生き方が自力の生活です。自分の力をたのみにし、自分の努力を誇りにする。それに対して、他力の生活というのは、努力において努力できることを喜ぶ生活です。努力において努力した自分を誇るのではなくて、努力できる身を喜ぶ心なのです。実際努力できるということは、大きな恩徳です。ひとたび病気になれば、努力しようと思ってもできないでしょう。ですから、なにごとか努力できるということは、それ自体が大きな恩徳をたまわっているということです。その努力において努力を喜ぶ、努力できる我が身を喜ぶ心が他力の生き方です。ですから、そこでは結果が出るか出ないか、そういうことを超えて、できる限りの努力をさせていただく心が生まれます。自分の努力を誇る生活というのは、必ず挫折するのです。いくら努力しても、いい結果が出ず、人も認めてくれないと、やめたということになってしまいます。

けれども、努力できることが喜びである時には、自分にできる努力がある限り、努力せずにはいられない心になるのです。ですから、実は他力の生活こそ、本当に自力をつくすことができる生活なのです。この身にたまわっている力を生かしきる。それに対して、我が力をたのみにする生活は、実は希望がないと続かないのです。努力してもどうなるかわからないとか、目的が達せられるかどうかわからないという時には、努力に力が入らなくなる。これをすれば必ずこういうご利益があるぞというと、一生懸命やります。つまり、いわゆる自力の生活は、希望がなければ挫折してしまうのです。ですから、常に挫折をはらんでいるということです。

けれども、他力の生活は、一切の希望を必要としないのです。結果に生きるのではないのです。身に受けている恩徳に応えるのです。ですから、そこでは、我が力をたのむ、我が力を誇るという心が捨てられる。そして努力できることを喜ぶ。そういう心が、私たちの無意識のうちにも、なお底深くもっている差別心を超えていく視座であるということを、指摘されているかと思うのです。

私たちは、自分の力というものをたてていく限り、必ずどこかで人を傷つけ、人を差別します。自分の力を誇ることにおいて人を見下す。そういう在り方というものを超えられない。それだからこそ、私たちは、今日いよいよ親鸞聖人の教えてくださった他力という生き方を、大きな課題として学ぶ必要があると思うのです。

十一、不思議を感ずる生活

自力というのは、自分の思いからはじめる人生が自力の生活です。これは、普通の我われの生活です。まず自分の思いが基準になり、自分の都合というものによって、生活がいろいろとやり繰りされているわけですね。

それに対して、他力の生活というのは、生かされてあることの不思議を感ずる心に開かれる生活です。生活の一番根底のところで、自分が生かされてあることの不思議を思う。

私たちは、生きていくうえでなくてはならないもの、そういうものほど、それから受けている恩徳を感じないで生きているのです。いうならば、空気の恩徳などというものは、少しも思わずに生きているのと同じです。そういうものほど、失ってみてはじめてわかるのです。健康であるときには、健康の恩徳などというものは思ってもみない。健康であることの不思議さなどということは、思ってもみない。そのようなことは、失ってみてはじめて思い知るのです。そして、その生かされてあることの不思議というものに本当に頷いたとき、そこに開かれてくる生活というのが、他力の生活なのです。ですから、そこでは、いわゆる自分の力をつくして努力するということがないということではないのです。あらゆる努力の根底に、生かされてあることの不思議を感じる心があるということです。

覚如《かくにょ》上人の『口伝鈔《くでんしょう》』に、親鸞聖人の言葉として、

本願寺の上人《しょうにん》　親鸞　あるとき門弟にしめしてのたまわく、つねに人のしるところ、夜あけて日輪《にちりん》はいずや、日輪やいでて夜あくや、両篇《りょうへん》、なんだち、いかんがしると云々　うちまかせて、人《ひと》みなおもえらく、夜《よ》あけてのち日いず、とこたえ申す。上人のたまわく、しからざるなりと。日《ひ》いでてまさに夜あくるものなり。（聖典六五二頁）

といわれています。

親鸞聖人が、お弟子たちに、夜が明けたからお日さまが出てきたのか、お日さまが出てくださったから夜があけたのか、あなたがたはどちらだと思いますかと、尋ねられたというのです。それに対して、お弟子たちはみな、「夜があけてから、日がでてきます」と答えたのです。それに対して、親鸞聖人は、「そうではない、日が出ることで夜が明けるのだ」といわれたということです。

これはもちろん、科学的な事実についていわれているわけではありません。今日も一日を迎えたという

その喜びを、どう見るかということなのです。今日一日こうして顔をあわせられるということを、時間がたったんだから当然のことだと思う。これは、「夜あけてのち日いず」というのはあたり前という意識でしょう。「日いでてまさに夜あくるものなり」という時には、そこによくぞという思い、有り難いという思いがあります。日常の出来事を、当然のこととして生きるのか、有り難いという思いをもって生きるのか。どういう思いをもって生きているのか、その違いを聞いておられるのでしょう。そこに他力の生活という意味があるのです。

他力の生活というのは、そういう生かされてあることの不思議を感じる心に開ける生活なのです。ですから、努力ということでいいますと、自力の生活は我が努力をたのみとし、我が努力を誇りとする生活です。私は、これだけのことをしたぞと、必ずそこに自分の努力を誇る思いが出てくる。それに対して他力の生活は、努力において、努力できた我が身を喜んでいく。努力をつくせる有り難さを自覚し、そのことに常にかえっていく。

自力の生活というのは、どこまでも一人ひとりの思いが中心です。そしてそれは、それぞれにもった能力というものによって違ってくるわけですから、自力の生活は必ずバラバラになっていく。親鸞聖人は、

しかるに愚禿釈《ぐとくしゃく》の鸞《らん》、建仁辛《けんにんかのと》の酉《とり》の暦《れき》、雑行《ぞうぎょう》を棄《す》てて本願に帰す。（「後序」聖典三九九頁）

と、自らの回心について語られています。そこでいわれている雑行の「雑」について、

「雑」の言は、人天・菩薩《ぼさつ》等の解行《げぎょう》雑せるがゆえに「雑」と曰《い》えり。（「化身土巻」聖典三四二頁）

といわれます。「解行」とありますが、「解」は理解力で「行」は実践力です。ですから、人天、菩薩、一人ひとりの理解力、実践力というものがその本質になっている行が雑行なのです。ただたんに、念仏以外

のもろもろの行が雑行であるというように、行の種類を区別されているのではありません。親鸞聖人は、行の本質を区別しておられるのであって、自らの解行というものをたのみにする、個人個人の解行をたのみにする行を雑行とされているのです。それは必ず、その歩みをバラバラにするし、いきつく先もバラバラになる道なのです。

ですから、自力の行をあらわす第十九願の成就について、

この願成就の文《もん》は、すなわち三輩《さんぱい》の文《もん》これなり。『観経』の定散九品《じょうさんくほん》の文これなり。

（「化身土巻」聖典三二七頁）

といわれています。ここに三とか九とかいわれますが、つまり段階があるということです。上品、中品、下品という区別があり、さらにそれぞれに上生、中生、下生の区別があるのです。自力の行である限り、必ずそこに段階づけが出てくる。そのために、いきつく先がバラバラになります。

雑行による自力の道というのは、それぞれの能力によるものであって、しかもその中心はそれぞれの思いです。そのように、個人個人の能力というものを根底にする歩みである限り、それをたのみにする限り、それを根拠とする限り、けっして真に平等な世界というものは開かれてこない。必ず段階づけが必然する。さらに、必ず互いに排他性をよび起こしてくる。そして、自分の世界に閉じこもる。そういう問題が、ここには指摘されているのです。

二、真に私を支えるもの、生かすもの

一、まああという意識

差別の問題というのは、本当に大事な問題なのですけれども、なかなか自分の問題になってこないということがあるわけです。

イーデス・ハンソンという方は、いわゆる政治犯などで逮捕されたり、不当な拷問を受けたり、不当な扱いを受けている人たちの人権を守る、アムネスティ・インターナショナルの日本支部長（一九八六〜一九九九）をしておられます。そういう立場から、人権問題についての実践をしておられるわけです。その方の対談の本を読んでいましたら、こういうことをいっておられました。

アムネスティの運動が、日本ではなかなか定着しないし、盛り上がってこない。その理由をいろいろ考えてみると、現代の世界の中で、日本ほど治安がいき届き、いろいろな面で恵まれた国はない。アメリカに比べると、アメリカは文化は発達しているけれども、大金持ちと貧乏な人との格差が話にならないほどすさまじい。それに対して、日本では、大金持ちといってもアメリカの大金持ちと比べればたかがしれている。また、貧しい人たちといっても、大金持ちとの格差はアメリカなどとは比べものにならないほどで、まあ平均しているということです。

いわゆる中流意識というものが、やはり日本の人びとの心のなかにあるということでしょう。そこには、いろいろと慢性的な不満や不平というようなものは当然あるわけです。けれども、その不満は、現にある社会の制度をたたき壊してでも解消しようというほどのエネルギーには高まってこない。なんとなく愚痴をいい、不平不満をいうけれども、もうこれではたまらないという思いで立ち上るというような、そういう切迫したものまでにはなってこない。つまり、全体としては、自分の居心地はまあまあだという、中流意識が広がっているわけです。不満は一杯あるけれども、まあ上を見たらきりがない。そのまあまあだという意識は、その生活に波風をたてるような発言や行動に対して、強い嫌悪感をもよおす。自分の生活をまあまあだと思っている時は、その生活をゆさぶるような発言とか行動に対して、本能的に嫌悪感をもつ。そういう嫌悪感というものが、人間が不当に差別されていると聞かされても、「それは仕様が無いんじゃないか」と考えてしまうのです。

イーデス・ハンソンさんは、アムネスティ・インターナショナルの活動の趣旨や願いを話すと、「なるほど」と思ってもらえる。さらに、詳しく説明すると、なるほどと思い、知れば知るほど何か自分も動かなければいけないと心を決めるようなことがある。けれども結局は、このままあまあだという意識が波風を立てるものに嫌悪感をもつということが根強くある。そういう、まあまあという意識が、日本人の場合、アムネスティ・インターナショナルの運動に対して力が入らない理由としてあるようだと、こういうことをいっておられます。

振り返って見ますと、たしかに私たちのなかに、そういう波風をたてる発言とか、波風をたてる行動というものに対して、本能的に拒否するような気持ちが巣食っているということを、思い知らされることがあります。

そういうところで、部落差別の問題、人権の問題ということについても、一応知識として聞くことがありましても、なかなかまあまあの意識を突破するほどには差し迫ってこない問題があるわけです。

私たちの惑《まど》いというものについて、仏教では見惑《けんわく》と思惑《しわく》というふたつの言葉で教えられています。見惑のほうは、これはひとつの理性的なものの考え方のあやまちという惑です。本当のことがわからないために、いろいろな誤った考えにとらわれてしまうという、理知的な惑いです。

それに対して、思惑というのは、感情や情的な惑いです。話はわかる、それはそうだと思うけれども、それが生活になってこない。知識としては、頷けるけれども気持ちがついてこないという、感情的な惑いです。

見惑というのは、正しい考えというものに本当に出遇えば、そういうものかとそこで開かれていく。見惑は、非常に激しい形をとるのですけれども、わかればその場で解決するわけです。本当の教え、事実というものに出遇いますと、今までの考え方が間違っていたとわかる。

けれどもその後、「それはそうだけれども」という思いがずっと残る、それが思惑です。この思惑というものは、「藕糸《ぐうし》（蓮根の糸）」というもので譬えられています。蓮根は、包丁で切りますとスパッと切れます。蓮根自体はスパッと切れますが、後に糸がひいて、その糸はなかなか切れません。蓮根自体は切れても、糸がずうっと繋がっていて切れないのです。あの糸を藕糸というのです。つまり本当のことがわかって、スパッと切れても、後に糸がずうっと引いていて、この糸がなかなか切れない。切れたつもりが、まだ後を引いている。思惑ということで教えられていることは、まさにそういうことです。新聞を通してでも、学習の場を通してでも、いろいろと学ぶのですけれども、それがなかなか私の生活そのものになってこないという問題です。

二、人生に対する態度決定

私たちの場合は、もうひとつ課題が重なってきます。それは信心の問題ではないのではないかという疑問です。

差別の問題というのは、人間としての問題であるけれども、それはやはり社会問題であって信心の問題ではないという考え方が、一方で深くあるわけです。そのために、私たちは、信心についての教えについて聞いていればいいのであって、同和問題とか靖国問題とか、そういう社会問題をとりあげる必要はないと考える人が出てくるわけです。

さらに一方では、差別や人権の問題は、信心の教えをいくら学んだとしても、現実を変える力にはならない。やはり具体的に、政治的に社会的に行動していかなければ解決できない。信心なんかではどうにもならない。それは、ただ考え方をいじくるだけであって、現実を変えることはできないといわれることがあります。このように、信心を学ぶということと、現実の問題を解決するということについては、両面からの疑問が出されてくるのです。

まず、差別の問題や社会の問題は、信心の問題ではないということについて考えてみましょう。親鸞聖人がその身に生きられました信心、その生涯を通して私たちに伝えてくださった信心というのは、けっしてこの生活のなかで、お仏壇の前だけで、あるいは本堂のなかだけでの、心の安らぎを求めての信心ではございません。

親鸞聖人の歩まれた信心の道は、人生に対する自分の態度決定の道でした。信心とは、態度決定の問題です。自分の人生をどう生きるのか。もうひとついえば、私たちはいろいろな行動をし、いろいろな生活を営んでいますが、その全部をひっくるめて、私は自分の人生の全体をあげて何をしようとしているのか。この自分の人生の全体をつくして、どこへ行こうとしているのか。そのような、この人生の全体というものが問われて、歩まれていったのが、親鸞聖人の生涯の歩みだったわけです。

宗教生活、そういう言い方をしばしばするわけですけれども、宗教生活という言葉でいいます時は、同時に横に経済生活とか文化生活とか、いろいろな生活の面が並ぶわけです。私たち人間は、経済生活、文化生活などいろいろな生活をもっている。そのなかのひとつとして宗教生活がある。そういうことになってくるわけです。けれども、そうではない。特にそういうことをはっきりされたのは、親鸞聖人が法難にあわれ、流罪になられたという問題があったからです。流罪のことは、『教行信証』の一番終わりの「後序」と呼ばれているところに、親鸞聖人がご自分で書かれています。さらに『歎異抄』の一番最後の「添え文」に、流罪に関する文章が記述されているわけです。流罪にあった人の名前、さらには死罪にあった人の名前、一人ひとりの名前を刻みこむようにして、法難の事実が記載されています。それは『歎異抄』の全体から見ますと、木に竹を継いだような感じで、一番最後に法難の記述が唐突に置かれているわけです。私は、その意味がよくわからなかったのですが、以前、教学研究所の所長をなさっておられました蓬《ほう》茨祖運《しそうん》先生が、この歎異ということは「こういう考えは困ったものだ」、「ああいう考えは間違っている」、

「そんな信心のうけとめはだめだ」といって歎き、困ったことだと感じておられるのではないということを教えてくださいました。

歎異ということをさらにつきつめていいますと、「真偽決判《しんぎけっぱん》」という言葉でいいますが、真実の信と誤った信とを明確に見分けていくということなのです。真偽を決判する。

その真偽の決判ということを、親鸞聖人は『教行信証』においてなさっているのですけれども、親鸞聖人はそれをただ学問沙汰として、これは真でこれは偽でと、書物のうえで見分けていっておられるのではないのです。では、真偽ということをどこで見分けておられるかというと、それが「念仏すれば首を斬《き》る」という問題だったのです。この法難の問題は、「念仏すれば首を斬《き》る」と迫られて、生き方を決めろといわれたということなのです。それでも念仏した人びとは、そのために実際に首をはねられたり、流罪となりました。法然上人や親鸞聖人は、遠流《おんる》という刑に処せられました。このように、念仏するようなものは首を斬り、この地から追放するといわれたとしても、自分の人生に対する態度決定のところで、私は念仏をするとはっきりと決断していくのが真偽決判ということなのです。本当の信心か、生活のなかの一時的な心の安らぎということだけですませているものなのかどうか、そういうことがあらわになる。親鸞聖人の生涯においては、自分の人生をどう生きるか、自分の人生の全体をあげてどこへ行こうとしているのか、そのことを自分自身に明確にしていくことが、親鸞聖人における聞法《もんぼう》の歩みだったのです。

三、まいらせ心わろし

善導大師は、正行《しょうぎょう》ということをもって本願念仏の道を明らかにしてくださったわけですけれども、その「正しい」という意味は、この私が生活の全体をあげて一心に専《もっぱ》らになれる道だということです。私の人生の、ある部分だけで有り難がっているのではない。それは、私が人生を生きていくうえで、いつでも、どこでも、どういう問題においても一心に専らに、そのことによって生きていける。そのことによって自分の人生を選び、自分の人生に対する態度も決まる。そのように、私のうえに一心に専らにという生活を開いてくださるのが、五正行（読誦・観察・礼拝・称名・讃歎）なのです。

ですから、そこには、これは信心の問題ではない、これは社会問題だと区別するようなことはけっしてないはずです。

信心とは、現実に私たちが生きている、この現実のいろいろな問題に対する人間としての態度決定、本当に人間としてこの人生を生きていくという、歩みそのものをいうわけです。ですから、私たちが生きているこの社会が抱えている問題を離れて、信心に生きるという在り方はないわけです。

私の信心が生きた信心かどうか、それは実はそういう生活の場で問われてくるのです。部落差別の問題とか、靖国問題というのは、大事な問題だから、勉強して問題として取り扱うというようなことではないのです。そうではなくて、差別の問題、靖国の問題から、この私が問われている。念仏者としてのこの私が、そして私の生き方が問われているのです。ですから、念仏者を名のっている私を問いつめてくるのが、差別の問題であり、靖国の問題なのだということが、非常に厳しく教えられるわけです。ところが一方では、さきほどいいましたように、それは政治の問題であり、信心なんかでどうにかなるものではないと、そういう考えがあるわけです。

この点について、蓮如上人が非常に力をつくして注意してくださっているのが、「まいらせ心」という問題です。

蓮如上人の、『蓮如上人御一代記聞書《ごいちだいききがき》』という、身近な折おりの言葉が書き留められた書物があります。そのなかで、

たとい正義《しょうぎ》たりとも、しげからんことをば、停止《ちょうじ》すべき由候。（聖典八七九頁）

といわれています。さらに続いて、

蓮如上人、仰《おお》せられ候う。「仏法には、まいらせ心わろし。是《これ》をして御心《おんこころ》に叶《かな》わんと思う心なり。」（聖典八七九頁）

と、「まいらせ心わろし」といわれています。

いわゆる異安心《いあんじん》という言葉がありますが、その異安心、異義という言葉に対して、正義《しょうぎ》、正しい信心の理解という意味です。そのまま広げて正義《せいぎ》と読んでもいい言葉だと思います。

先の「たとい正義たりとも、しげからんことをば、停止すべき由候」というのは、自分のしていることが、たとえ正義であっても、「しげからん」というのは自己固執、自分は正義をしているのだという、そのしている自分に対する固執です。自分のしていることは正義だと、自分は正義に生きている、そういう固執が「しげからん」ということで、それをやめなさい「停止すべき」といわれています。

そして続けて、「仏法には、まいらせ心わろし。是をして御心に叶わんと思う心なり」といわれますが、これは自分の正しさを仏さまに認めてもらいたいと思う心が「まいらせ心」で、それが「わろし」と教えられているのです。

考えてみますと、いろいろな世のなかの争いというものは、小は家庭の問題から大は社会の問題、世界の問題にいたるまで、みんな正義と正義のぶつかりあいですね。みんなお互いに自分は正しいといっていることのぶつかりあいであって、けっして、正しいと思っている人と間違っていると思っている人とのぶつかりあいではないのです。自分がやっていることが間違っていると思う時には、ぶつかるようなことはない。けれども、自分は正義であると固執して、しかもそれを「まいらせ心」で自分の手柄にしようとすると、争いが生まれるのでしょう。

司馬遼太郎という作家がベトナム戦争の後、ベトナムを歩いて書かれた文の中で、「人間は自分の額に正義という名をつけた途端に、どんな残虐な行為でもできるものだ」と指摘しておられます。そのように、自分は正義に生きていると、自分の額に正義をかざしたとたんに、人間は実に残酷なことも平気でできる。正義の名において、残酷になりうるという事実があるのです。

蓮如上人は、『蓮如上人御一代記聞書』で、また、

「よきことをしたるが、わろきことあり。わろき事をしたるが、よき事あり。よき事をしても、われは法儀《ほうぎ》に付きてよき事をしたると思い、われ、と云《い》う事あれば、わろきなり。」（中略）しかれば蓮如上人は、「まいらせ心がわろき」と、仰《おお》せらるると云々

（聖典八八九頁）

といっておられます。

このように、「われ、と云う事あれば、わろきなり」、「まいらせ心がわろき」ということを、繰り返しいわれています。

この「まいらせ心」というのが、非常に面倒なのです。何が正しいことで、何が間違ったことか、それさえはっきりすればそれで世のなかが正しく動いていくのならば、たいへん話は簡単明瞭なのです。それならば、道徳あるいは社会的正義を明らかにする、そういう学問だけで、世のなかは、あるいは人間は、正しく生きていけるのでしょう。

ところが困ったことに、人間には「まいらせ心」がある。そして実は「まいらせ心」というのは、一番根深く、一番面倒な争いをひき起こしてくるわけです。

よく、真宗の教えは面倒だ、真宗はもっと簡単な教えではないのか、もっとやさしい教えのはずだといわれることがあります。けれども、面倒なのは実は、私たちの「まいらせ心」の深さなのです。このまいらせ心というものを、いかにして破るか。このまいらせ心というものを、とことん問いつめてこられたのが親鸞聖人で、それが親鸞聖人の教えを面倒に感じさせているのです。ですから、教えが面倒なのではなくて、人間が面倒なのです。私が面倒な人間だということです。正しいこと、間違ったことを教えられただけでは、正しく生きていけないのが私たち人間です。

その意味では、私たちのまいらせ心を破る、その問題をずっと問いつめてくださった。そこに頷いてこられたのが、自力無効という言葉であり、他力回向《えこう》の信ということです。

力をつくして現実の問題にかかわりながら、しかもその一歩一歩において、その「まいらせ心」が破られていく。そういう道が成り立たなければ、たとえば今の差別という問題も、それをなくす運動を進めていくなかで、逆に自分を正しい側において、人を裁くということも起こってくるわけです。

ですから、この本願力回向の信に生きる浄土真宗、そういう親鸞聖人の教えにおいてはじめて、差別という課題が私たちの生活のうえに具体的に事実として成就してくるということがあるのです。言い換えますと、まさに差別という現実の課題に真向かいになるという責任が、この本願念仏の信心に遇わせていただいた私たちにはあるということです。

あらゆる差別を破って、御同朋御同行と呼びあえる、そういう世界が開かれる道、そういう教えに遇いながら、私たちは片方に差別の問題をひきずっている。そこに、私たちが意識的にしろ、無意識的にしろ、事実として差別してきている人びとに対する深い責任と同時に、遇いえた法を歪めているという法に対する責任という、その二つの責任が、実は私に問われているわけです。

本願念仏の信においてのみ、真に差別する私たちの在り方が破られてくる。その頷きをもてばもつほど、だからこそ、現実の在り方に対する責任が、私自身に対して鋭く問われてくる。そういう問題が、ここにあると思われます。

四、見つめあうということ

差別の問題というのが、本当に自分を突き動かしてくるものとして、なかなか身に迫って感じとれない。そして、私たちは「なかなか自分の問題にすることができない」といっている。そのことが問われているわけです。

私は、これが根本の問題になると思うのですが、「人間は他者との交わりのなかで生きている存在である」ということです。つまり、私たちが一個の人格として生きるということは、交わりのなかに生きるということだということです。

「故郷」という言葉があります。その「郷」という文字は、甲骨文字では、という形です。真ん中のは、食事を盛って供える器をあらわしています。そして両側のは、宴会のときに食事を盛った器を挟んで向かいあっている人をあらわしています。器に盛ったご馳走を真ん中にして、人が二人向きあっているのです。これは人間としての生き方の一番根本、それを「郷」という字があらわしているのです。一つの器に盛ったご馳走を一緒に食べる。一つ釜の飯をつつきあった仲だと、こういう言い方をよくします。つまり喜びや悲しみを共にするということを、一つ釜の飯を食べた仲だというのです。相手の喜び、相手の悲しみ、それがそのまま自分の喜び、自分の悲しみになるようなかかわりです。そしてそこでは、互いに相手を見つめあっている。この見つめあうということが、人格としての一番の基礎なのでしょう。

「人間」というのは、「人の間」ということです。さらに「人」という字は、人がもたれあう、支えあうという形でできているわけです。人という字は、二人の人間がお互いに支えあっているという形でできています。つまり人間は、ひとりでは人間になれないのです。このことでいつも思い出すのは、何年か前に東京のある中学生がいじめられて、とうとう首を吊って自殺したという事件です。その中学生が最後に書き残した遺書の中に、「自分が生きている間にひとつの事がしたかった。それはたったひとりでいい、たったひとりでいいから、心から話しあえる友を作りたかった」とあったそうです。

ひとりの友もなかったということは、言い換えますと人間が信じられないということですね。ひとりの本当に心から話しあえる友をもつということは、その人を通して人間というものを信じることができる、そういうかかわりがもてたということだと思います。

ですから孤独ということは、ひとりぼっちということは、ただまわりに誰もいないということではなく、自分という存在が消えていくことなのです。曖昧になる、頼りなくなる、空しくなる。ですから、人間として生きるという一番の基本は、見つめあう仲、ひとつ釜の食べものをつつきあう仲をもっているということ、そういうことを意味しているのです。今日、現代社会での私たちの在り方は、実はそういう、見つめあうという在り方が非常に少なくなってきているのではないでしょうか。

喫茶店で若者を見かけることがあるのですが、この前も二人の若者が向かいあってコーヒーを飲んでいたのですが、二人はそれぞれの耳にイヤホンをあてていて、それぞれ好きな音楽を聞きながら、それぞれ別々に漫画を一生懸命に読んでいるわけです。そんな姿を見ると、思わず「君たちそれで一緒に居る意味があるのか」と尋ねたくなってしまいます。

現代の若者を見ていますと、どこへいってもウォークマン（註）。人と一緒にいても自分の世界にひたる、こもるわけです。見つめあうことをしないのです。自分に興味のあるものを見るということはあります。しかし、本来見るということは、相手から見つめられるということを伴うわけです。相手から見つめられることを避けて、相手を見るということは成り立たないのです。そういう時は、根本的に相手を見ていないのです。相手のうわべを、自分に興味のあるところだけを捕えているだけです。ここには、本当の出会いは成り立たないわけです。

（註）「ウォークマン」は、イヤホンやヘッドホンで聴くポケットに入る大きさのステレオ・カセットテープ再生機

の代名詞になった商品名。

ドイツの哲学者で、ハイデッガーという人がいますが、その人が故郷に帰られた時の「故郷の夕べに贈るあいさつ」という大変美しい標題のついた講演の記録があるのです。そのなかで、「このごろはどこの地方へ行きましても屋根の上にテレビのアンテナがずらっと並んでいる。あのテレビのアンテナは何をあらわしているのかというと、その屋根の下に人が住んでいることをあらわしております。しかし同時にそのアンテナは、その屋根の下にはもう人が居ないことをあらわしている」こういう妙な言い方をされているのです。

屋根の上にアンテナが立っているから、その下に人が住んでいることをあらわしている。けれども同時に、そのアンテナはもはや、その屋根の下には人が居ないということを示しているのだといわれるのです。それはどうなっているのか。屋根の下に人はたしかに居るのだけれども、みんなそれぞれテレビの画面を通して自分の世界にいってしまっている。つまり、見つめあうということがなくなっているというのです。

今日では、食事をしながらでも、みんなテレビを見ているわけです。そのために、見つめあうということがなくなっている。それぞれ自分の世界にひたっていて、一緒にいるとはいってもそれは横にいるだけです。そこでは、だんだんと人間という在り方が失われている、人格性が失われている。そして人格性が失われた時には、人を人格としては見なくなるということがあるわけです。

最近、育児ノイローゼということが、若い母親のあいだで問題になっています。自分の産んだ子どもを殺し、捨てるということが続いています。しかし、それは本当にノイローゼになるほど育児したというよりも、見つめあうことを少しもしない若い人の在り方が引き起こした事件だと、私には思えるのです。

見つめあうということのない在り方では、煩わしいものはいやだ、面白くないものはご免だということになる。自分に興味のある間だけつながっているという在り方です。しかし、赤ん坊というものは、母親の都合などかまわずに、泣いたりぐずったりするものです。それに耐えられなくなる。

たとえば、北海道で生後五か月の子どもを、川の中へ置き去りにして殺した若い母親が、里の両親に向かって書いた手紙が便所に破って捨ててあった。それには、「私ももう二十一歳、子どもには悪いけれども私には子どもはいらない。ひとりになりたい」そういうことが書かれてあったのです。つまり育児ノイローゼというよりも、要するに邪魔だったということです。赤ん坊の存在に耐えられない、ひとりになりたい。今のうちにしたいことを自由にしたいということでしょう。そこには、本当に見つめあうという、人間としての根本の在り方を忘れてしまった生き方がある。そしてそのために、本当に人と人とが交わるということができなくなってきている。そういう在り方が、非常に大きな問題だと、私は思います。

本当にひとりの人間を見るということは、自分の都合のいい時だけ、自分の機嫌のいい時だけ見て、煩わしくなったら目をそらす、もう知らないと顔をそむける、顔をそむけるとそれで消えてしまうというような見方ではない。それは本当には見ていないのです。郷土の「郷」という字は、お互いに消えないものとして見つめあっている姿をあらわしているのです。いつもその存在を心に掛ける、そういうものとして出会っているのです。

だからこそ、また私ひとりの救いなどというものはないのです。見つめあっているその人も、本当に救われていかなければ、私の救いは成り立たない。しかも、それをずっと広げていけば、そこに私のいろいろな人間関係、社会関係が出てくるわけです。私がかかわっているすべての人が、本当に心安らかな生活が送れるようにならなければ、私の心の安らぎもない。そういうものとして出会っている。そういうところに、実は人格というものが見られると思うわけです。

五、自身の在り方を悲しむ心

私たちは、部落差別という問題を遠い話に聞いてしまう。自分と関係のないことのように聞いてしまうのですが、そういう差別の事実が、本当に私たち自身の心に突き刺さってくるものとして見つめるということ、そのためにはやはり、まず私たちが身近なまわりの人と本当に見つめあうということ、向かいあうということが大事なのでしょう。そういうことがなされませんと、自分のまわりから遠い話になりますと、もうそのことが本当には自分の問題になってこない。そういうことになってしまうかと思います。

私たちが、差別の事実について深く学習していく。一つひとつの具体的な事柄について、深く学習していく。しかし大事なことは、その学び、聞いた事柄に、私の心が痛むか痛まないかです。ただ知識としてどれだけ学んでも、やはり遠い話になってしまう。問題はそういう不当に差別されることの、その人間としての悲しみとか怒りというものが、どこまで私の心に突き刺さってくるのか、私の目に突き刺さってくるのかということです。

それにはやはり、少なくとも自分の家族と、そしてそのまわりの人びとと、本当にひとりの人間として向かいあい、見つめあうという姿勢が必要なのでしょう。そういう姿勢が自分のなかに開かれてきませんと、学習するということも、ただ知識に終わるのではないかと思います。

私たちが差別の問題についていろいろ学習することは、ただそういう事柄についていろいろ知るということではなくて、学ぶことにおいて逆に、差別のなかで苦しみ泣いている人びとの存在に無知であった自分が知らされてくるということです。その自分というものを、本当に深い痛みをもって荷なわなければ、これはどこまでいっても知識に終わると思います。

そういうところから目をそらし、目をそむけ、見てもただその場限りで見すごしている、そういう自分というものが知らされてくる。そして、そういう自分自身の在り方に対する深い悲しみと怒りというものが、そこによみがえってきませんと、どこまでも遠い話に終わることになる。

そのようにならないためには、私たちにとって、常に目の前の人と本当に向かいあうということが肝要なのです。

遠藤周作という作家がおられます。その方が、「人間は人の前を横切らずには生きていけない」ということをおっしゃっています。私が私を大事に生きようとする時は、必ずまわりの人の前を横切っているのです。まわりの人を悲しませ嘆かせる。まわりの人の前を横切って、その人の歩みの邪魔をして生きている。それはどれだけ身をつつしんでも、なくすことができない、人間の悲しい事実です。ですから「大事なことはそれを忘れずにいることです」と、遠藤さんはおっしゃっています。こういう言葉が、私の心に残っているわけです。

そういうことも、まわりの人と向かいあうということがなければ、わからないことです。本当にまわりの人と向かいあって、ついにその人から見られている自分というものを受けとめて生きていきますと、まさにこういう事実にも気づかされるわけです。

そしてその時にはじめて、不当にも差別されてきた人びと、この人びとの視線というものを、自分の身に感じとるということも生まれてくるように思います。

六、安心感への願望

私は先に、日本人の中流意識という問題についてお話しました。そのことに関連して、エーリッヒ・フロムの「人は安心感への願望から、自己の依存状態を愛する」という言葉が思い出されます。依存状態というと面倒ですが、もたれかかる。何か自分よりも大きなものにもたれかかって、何か自分より大きなものに依存して生きていきたいと思う。人間というのは、そういう生き方を愛するものだという言葉です。

私たちは、自由を求めますし、人にいろいろ動かされることを嫌うものです。けれども、実は自由というのは非常に恐ろしい状態でもあるのです。自由だということは、自分の在り方を全部自分の責任で決めていかなければならない。だれも強制しないのですから、自由だという時は、まず自分自身で考えて、自分自身で生きていかなければならない。しかもその結果について、自分が全部の責任を取っていかなければならない。ですから自由であるということは、なかなかしんどいことなのです。自由、自由というのですが、実際、自由の身になってみますと、これはなかなかつらい状態でもあるわけです。

私たちは、いろいろと考えて生きていくわけですけれども、生きていくなかでやはり、一番に安心感というものを求めてしまう。そしてその安心感を与えてくれるものは、「寄らば大樹の陰」という言葉がありますが、本当に安心してその陰にもたれかかることのできる大きな樹です。その大きな樹というのは、権力あるいは権威です。何か大きな権力、大きな権威というものにもたれかかっていますと、もたれかかっているかぎり、その権力とか権威が私を保護してくれますから安心なわけです。人間というのは、自由を欲しがっているようだけれども、実は自由よりももっと安心感のほうを求めているものなのです。そして安心感を求める時には、そういう自分の依存状態を、何かにもたれかかれる状態を探しているのです。

たとえば、何度も選挙に当選しているような、実力者といわれている政治家がいますが、その政治家への地元の人たちの気持ちのなかには、そういう安心感への願望があるのでしょう。あの人にまかせておけばこうしてもらえる、ああしてもらえるという安心感があるのです。やっぱり安心感への願望があるのです。いうならば、その政治家を支えているものは、実は私たちの安心を求める心、依存状態を愛する在り方であるともいえるわけです。

そのようにして、権力あるいは権威というものがたてられますと、そこに差別が出てくる。つまり、権威に近いものほど上になるわけです。この権威と近い遠いという関係で色分けされる。権威に近く生きているものが優位なわけで、権威から一番遠くにあり見捨てられているものは、一番おとしめられているわけです。

部落解放運動で大きな業績を残された松本治一郎という方は、「貴族あるところ賤族あり」といっておられます。貴族という人たちが生み出される社会のしくみのところでは、必ず反面に社会的に下層の人びとが作り出されている。権威に近い人を貴族としてたてまつっている時には、必ず権威から遠いものを下層民として位置づけ、おとしめていくということが起こるのです。

それは、必ず一緒に起こっている。貴族だけが生まれるということはないということです。「貴族あるところ賤族あり」、こう喝破《かっぱ》しておられますけれども、これは私たちが安心感を求めて権威をたててしまう。権威をたてる時には、そこに必ず差別構造というものが生まれてくるのです。人間を段階づけしてしまい、階級づけてしまうのです。

以前の日本では、社会構造の一番の基礎は「家」でした。戦後は、その「家」がなくなって、家族と家庭が基礎になりました。「家」が崩壊して家庭になったといわれます。「家」という時は、これは縦関係ですね。家をつくっているその個人、一人ひとりよりも、家の権威というのは高く、家の名というほうが大事でした。そして、その家の権威をあらわすものが家長でした。そしてその後を継ぐ子どもが、子どものなかで特別扱いされる。そういう縦関係が「家」でした。

家　＝家長（父）―長男―二男―三男

家庭＝夫――婦

現在の家庭というのは、そうではありません。夫婦という横の関係が基本になっています。「家」は代々受け継ぐものです。そしてそれが長ければ長いほど権威がある。あそこは何代続いた家だということで、尊重されるということがありました。それに対して、今日は全部家庭です。これは夫婦で作り上げていくものです。ですから、できるだけ合理的に、できるだけ住みやすいようにしていく。それが核家族といわれる形になっていくのですね。

何世代もの人が一緒にいると、食事ひとつにしても面倒です。それで世代別に核家族になっていったのです。それは当然そういう在り方になっていくわけです。

それまでのいわゆる「家」の権威ですと、そこには同じ子どもでも長男と二男というのは雲泥の差がありました。食事の際、煮魚でも頭のほうは家長と長男、次に二男、三男でした。私も二男でしたから、尻尾のほうを食べていました。そういうふうに、権威がたちますと、同じ子どもであっても順番づけられてしまいます。

それと同じことが、社会、国家のなかでもやっぱり起こってくるのです。ひとつの権威がたちますと、そこには必ず階級づけ、差別というものが生まれてくる。しかもその時恐ろしいのは、その権威に忠誠を誓う、その家のために一生懸命生きる。そういう権威に一生懸命つくすという、そういう心で結果としては差別をしていくということが起こってくるのです。人を差別しようと思って意識的に差別するということよりも、お家大事という意識で事実としてやはり差別を行なっている。そういう権威に忠誠を尽くすという形で結果として差別していくのですから、なかなか痛みになってこないわけです。差別しているという意識すらもたない。

七、衆生の苦悩を尊ぶ心

今日世界の各地で戦争が起こっていますが、その背後にはキリスト教やイスラム教という一神教があります。一神教では、一つの神が絶対的なものとしてたてられる。その絶対的な神が作られた世として、この世を生きるのが人間です。ですからそこでは、その神を認めないものは同じ人間としては認められないわけです。

そこでは、神から遠い存在、神と無縁な存在は、その神につながる人びとのために生きているのだと位置づけられていく。つまり昔の奴隷制度ですね。フランス人の人種主義者であるゴビノーという人は、「白人は神に近い存在で、人間のすべての利点を有している。黄色人は少し劣る。黒人は感情的で文明を知らず、猿に近い」といっています。

ある意味で私たち黄色人種というのは、どちらからもにらまれる存在ですね。ともかくそういう差別が、すべて神の名においてなされる。ですからこれは、徹底しているわけです。

先のゴビノーの言葉を、私は守川正道さんの『世界の差別』（明石書店）という本で読んだのです。その本のなかで、守川さん自身の体験が語られています。守川さんがスイスへいっておられた時、ある農家で一服しておられると、可愛い女の子が自分のペットを見てくれといって飼っているウサギをみせてくれた。その女の子が「かわいいでしょう」といい、「このウサギが何キログラム（具体的な数字は忘れた）になったら私食べちゃうの」といったのだそうです。守川さんは、びっくりされた。食べるためにペットを飼うという発想は、我われ日本人にはない。たとえば飼っている鶏を殺して食べるということはありますが、やはり自分の家で飼っていたものはどうもなかなかということで、よそへ回して他家の鶏と取り変えてもらうということさえするのです。私の意識からいいますと、はじめから食べるために飼う、そして大きくなるのを待っているという発想は、まったく理解できないわけです。

そこに一神教の考え方がたしかにある。そして恐ろしいのは、それがそういう動物に対してだけ向けられる感情ではなくて、同じ人間に対しても向けられるということです。選ばれたものに奉仕すべき者として、ある一定の人びと、「未開」とされる人びとを見る。守川さんは、

動物と同じとみなされた人間は、まさしく動物と同じく白人に奉仕し、死ぬのがあたり前とされたわけである。だから征服地での虐殺は平気であった。あたかもハンターのようにである。……十九世紀から、たとえ「未開」でも人間にはちがいないとみたのか、こういう人種論に一種の修正が加わった。「未開の民」たちを統治することによって、その間、近代的文明や政治・学問を教えてあげねばならない、それは白人の崇高な任務であるという。つまり、白人が神よりさずかった「重荷」なのである、というわけである。

と書いておられます。

一神教では、神の恵み、神の愛は説かれるのですが、仏教で説かれるような仏の慈悲心というものは説かれません。神はあくまでも上から下に向かって恵みをたれてくださる。上から下へという構造で人びとつながっている。それに対して仏教は、仏とひとりの苦悩する人と、それがまったく同じ重さで引き合う、そういう苦悩する人のその存在に、まさに引き裂かれる心。それが、仏の慈悲心です。そういうこと

は、一神教にはないように思われます。
引き裂かれる慈悲心というのは、仏の大悲の心と、衆生の苦悩の心とが同じ重さで生きられていることを語るわけです。ですから仏の悲心というのは、衆生の苦悩を本当に尊ぶ心です。上から見下す心ではない。そういう仏の悲心というものは、一神教では語られていないようです。

八、権威につかえる心

それに対して親鸞聖人は、仏弟子ということを明らかにされています。

『教行信証』「信巻」に、
「真仏弟子《しんぶつでし》」と言うは、「真」の言《ごん》は偽《ぎ》に対し、仮《け》に対するなり。「弟子」とは釈迦《しゃか》・諸仏の弟子なり。（聖典二四五頁）

といわれています。仏弟子というのは、釈迦の弟子ですが、釈迦ひとりの弟子ではなく、「釈迦・諸仏の弟子」だといわれるのです。

これはどういうことかというと、釈尊というのは、私たちに諸仏の世界を開いてくださった方で、自分を絶対的なものとして「我に従え」といわれた方ではないということです。それは言い換えれば、私たち一人ひとりの存在を尊ぶ道を教えられたということで、一人ひとりの存在を尊ぶ道が諸仏の道です。そのような意味をこめて、親鸞聖人は、仏弟子というのは、「釈迦・諸仏の弟子」であるといわれているのです。そして他でも、この諸仏ということを繰り返し説かれています。

仏教は諸仏の世界です。法蔵菩薩の第十八願は、「至心信楽《ししんしんぎょう》の願」とよばれていて、私たちの信心成就が誓われた大切な願です。ではその「至心信楽の願」の真実性を明らかにするのはなにかというと、第十七願の「諸仏称揚の願」で、これによって真実の行というものを明らかにされるのです。

つまり、真実ということを、「私のいうことが真実だ」と、そういう形で主張するようには説かれていないのです。では、どこで真実ということを明らかにされるのかというと、「諸仏称揚」というところ、「諸仏がことごとく讃嘆したまう」というところで明らかにされるわけです。真実を自分の主張として証明するのではなく、真実を諸仏に聞いていかれる。そのような形で、諸仏称揚によって真実を語られているのです。

『無量寿経』では、法蔵菩薩がその師、世自在王仏《せじざいおうぶつ》に遇われるのですが、その世自在王仏が世に出られる以前に、五十三の仏がおられたと説かれています。一番最初が錠光《じょうこう》如来で、

次に如来ましましき。名をば光遠《こうおん》と曰《い》う。次をば月光《がっこう》と名づく。次をば栴檀香《せんだんこう》と名づく。（中略）次をば龍音《りゅうおん》と名づく。次をば処世と名づく。かくのごときの諸仏、みなことごとくすでに過ぎたまいき。

（聖典九～一〇頁）

と、過去の五十三の諸仏が説かれています。その諸仏がことごとく過ぎ去っていかれたあとに、

その時に次に仏ましましき。世自在王《せじざいおう》、（中略）仏《ぶつ》・世尊《せそん》と名づけたてまつる。

（聖典一〇頁）

と、世自在王仏が世に出られまして、法蔵菩薩と出遇われるわけです。

また、『阿弥陀経』にも、六方段といわれるところで、多くの仏の名前が次々と説かれています。そのように、諸仏の名を列ねることによって諸仏の歴史を語り、そこに流れ続ける法の真実性ということを明

らかにされているのです。

それは、一神教の真実性とはまったく正反対で、対極をなすものであるといえます。この諸仏という世界を、親鸞聖人は私たちに力をこめて教えてくださった。そして実は、それが平等覚《びょうどうかく》ということなのです。

平等覚とは何かといいますと、諸仏の世界ということです。諸仏の平等なるさとりを意味する。「我独り賢し」という道ではない。諸仏と平等なるさとり、つまり一人ひとりの存在を尊ぶという、そういう世界が開かれなければ、差別というものは本当には克服できないのでしょう。

今いいましたように、何かひとつを絶対的な権威としてたてるときには、必ずそこに差別が生まれてくる。権威づけが行なわれていく。そして権威づけのあるところでは、必ず上に昇りたいし、下に落ちたくないという競争意識が生まれてきます。そしてそういう競争意識のなかでの息苦しさ、あるいはもっと現実社会のなかでは、いろいろな弾圧や搾取《さくしゅ》、そういうなかでの心の不満を鎮《しず》めるためにも、ある特定の人たちを差別するということが起きてくるのでしょう。

その「しずめの役」というのは、身分制のなかでの不平不満をしずめるためのものです。身分制の下のほうに位置づけられたものが、そこでもつ心の不満、やり切れなさをしずめるために、さらにもっと下の位置の人を作りあげていく。そして、この人たちを差別することで、不平不満をしずめるということがなされてきたわけです。

競争社会というものは、必ずエリートと落ちこぼれを作っていくわけです。そしてその落ちこぼれとよばれる若者たち、学生たちがまさに「しずめの役」として、いわば全員で作りあげていくのが「いじめられっ子」です。「いじめられっ子」というのが、必ず作られていく。この「いじめられっ子」というのが、クラスのしずめ役になっているわけです。そういう私たちの意識構造、私たちがみんなもっている意識構造というものが、実はこういう制度の底にも流れているように思われます。エーリッヒ・フロムの「人は安心感への願望から、自己の依存状態を愛する」という言葉の、非常に重い意味を教えてくれますのが、部落差別の問題でもあるわけです。

私たちは、権威に仕える、権威のために生きるという形で、いつとはしれず差別をしている。はじめから人を見下すつもりで差別するというのではない。またそうであればそこにはまだ少しは心に痛みというものがあるのですけれども、権威に忠誠を尽くすという形で行なわれる差別というものは、自分は正しいことをしているという意識で行なう差別ですから、反省も痛みもない、徹底したものになってしまう。

差別といいますと、上に立って見下すという心の在り方だけを思うのですが、そうではなく、いろいろな形で差別がはたらいている。そういうことも、そこに教えられています。

九、人間、この尊きもの

「人権」ということについて、アムネスティ・インターナショナルの日本支部長をしておられるイーデス・ハンソンさんは、「人間がめちゃくちゃにされないためのもの」という言い方をされています。

人権というと、とても内容の深い面倒なことだと考えますけれども、わかりやすく「人間がめちゃくちゃにされないためのもの」といわれるのです。理由もないのにめちゃくちゃに扱われる、ひどい拷問を受ける、まったくいわれもないのに差別を受ける。そのように、まさにその人の一生というものがめちゃくちゃにされる、そういうことから人間を守る根拠、それが人権ですと、イーデス・ハンソンさんはいわれます。

「天賦《てんぷ》人権」という言葉があります。これは、人権というものが天賦のものであり、具体的には国の存在よりももっと前からあるものだということです。人権というのは、国によって守られるようなものではない。ひとりの人間のいのちは、国家よりももっと以前から存在しているように、人間は天賦のものとして人権をもっているということです。権力によって与えられる人権ではなくて、人間のいのちそのもの、その身にそなわっている人権。作りあげられた人権ではなくて、いのちそのものが本来の姿においてもっている人権というのが、「天賦人権」という言葉の意味です。日本でそういうものを主張したのが、明治の政治学者加藤弘之の論です。それから大江卓の明治四（一八七一）年「賤民身分廃止の建議」など、具体的なとりくみがあるわけです。

それから第二には、その人権ということが、いわゆる各種の社会における権利ということに広がるのです。人格としてそなえている人権ということと、さらにすすんで就職、男女平等、社会保障など、いろいろな社会権としての人権。これは二十世紀に入っていわれ出した人権だということです。

第三の段階になりますが、これは終戦後ですが、「世界人権宣言」ということが国連でなされた。あの「世界人権宣言」の段階での人権です。人権という言葉には、そういう歴史があるわけです。

いずれにしましても、これは松本治一郎の「不可侵不可被侵（侵すべからず、侵されるべからず）」という言葉のように、差別の問題は侵すべからずというだけでなく侵されるべからずですね。人間というものは、それぞれの人格を侵すべきではない。それと同時に侵されるべきではない。そうしますと、自分のなかに侵されるべからざるものが見えてこなければ、実は差別の問題は克服できない。自分のなかに本当に侵されるべからざるものを見ている時に、人のなかにも侵すべからざるものを見るのです。

つまり人を差別する時には、必ず同時に自分というものを見失っているということがあるのです。本当に自分の尊さを知ったものは、人の尊さを知るものになるのです。自分のなかに侵されるべからざるものを見いださない限り、本当に人を平等に尊ぶということは成り立ってこない。

人を平等に尊ぶということは、あの人は役に立つとか役に立たないとか、また地位があるとか無いとか、そういう人間の都合で人間の価値を決めるということから離れなくてはいけません。つまり、身動きひとつできない、あるいは下の世話まで人に委ねなければならない、そういう状態になっている人であっても、その人格は尊いといえる世界を開かなければ、平等ということは成り立たないわけです。

社会的に役に立たないということで、その人の人格を無視していくならば、弱きものは全部見捨てられていくことになります。

テキスト『仏の名のもとに』に、「人間は、人間的価値の領域においてのみ大事なのではありません」とありますが、そのことが成り立たなければ、差別というものの克服はありません。さらにテキストでは、「人間はそれ自身、尊敬すべきものであり、人間はその人格において尊ばるべきものであります。（中略）人間は、自己をも超えるが故に尊いのであります。その人格の尊さとは、人間は人間に賜わったものであることを知ることによってのみ明らかとなります。人間の尊ばるべきを知るものこそ人間でありますす。だれもが部落差別の克服をとおして人間の尊さを学ぶべきであります」とあります。

人間の尊ばれるべきを知るものこそ人間であるという言葉を、もう一歩すすめていいますと、自己の尊ばれるべきを知るものこそ、人間であるといえましょう。

ちょっと妙な言い方になりますが、私のいのちに私の頭が下がらない限り、本当に人間を尊ぶという心は開かれないということです。本当に私がこの私を大事にし、尊いものとして、つまりこの身にいただいているいのちを尊いものとして、自分自身というものに頭が下がるというのは、私のいのちを私にたまわったものとしていただきなおすということです。私のいのちは私のものだというところでは、必ず差別が出てくる。あるいは、他の人格を傷つけるということが出てくるのです。

私のいのちというのは、私のものではありません、それはたまわったものなのです。安田理深先生が、「往生ということは今まで踏みつけていた大地をいただく身になるということだ」とおっしゃいました。今まで踏みつけにしていた大地をいただく身になる、ここには大きな回心があります。そういう言葉で教えてくださったことがございます。自分自身のいのちというものに本当に頭が下がるとき、「人身受け難し、いますでに受く」と、受け難き身を受けたというその喜びにおいて、私のいのちというものをいただく時に、人のいのちを本当に尊ぶという心が開かれてくるのだと思います。

親鸞聖人の教えというのは、実は今ここにある私たちのいのちが歴史的・社会的なものであるということ、私たちのいのちが人類の歴史と人類の社会からおくられたものであること。そのことに気づくことの、深い感動と喜びを私たちに開いてくださるのです。浄土真宗というのは、ただの教理ではありません。この私の身が歴史的なものであったことに対する驚きと喜び。そういう驚きと喜びというものを、私たちのうえに開いてくださるのが、浄土真宗の教えなのです。

十、骨道に導かれて

最近、私の身内に癌の病気を抱えているものがありますので、癌で亡くなった人が書き残しておられる書物をよく読ませていただきます。そのひとつに、それこそぎりぎりのいのちの極み、自分のいのちの限りをつくして生きようとされた人の記録があります。この方は、丹羽小弥太という科学者で、あごの癌で何度も手術を繰り返され、顔半分を削りとってしまうほどのつらい闘病生活を送られたのです。

ある雑誌に、記者が丹羽先生に質問しているインタビューをのせてありました。そこで、「そんなにつらい病気をなさって、先生は今までに自殺を考えられたことはありませんか」と、ぶしつけなことを尋ねているわけです。それに対して丹羽先生は、

こういう病気をして自殺を考えない者はありません。私も何度も自殺を考えました。けれども、こんな私でも頼みに思ってくださっている同じ全国の癌に悩む人たちがいるのです。まだ、先生が頑張っておられる、自分もくじけてはおれんと。そういう人たちがたくさんおられる。だから、つらいからといって、はい、お先にごめんとはいえないのです。

ということをおっしゃっているのです。

個人的な思いからいえば自殺を考える。けれども、こんな私でも心のたのみと思ってくださる人たちが全国にいらっしゃる。丹羽先生は、自分のいのちは自分個人の、個人的ないのちではないということの頷きをもっておられるわけです。自分の思いからいえば、もう投げ出したい。けれども、投げ出すことを許

さないもの、そういう自分の思いよりももっと広い世界というものに触れておられる。そういう言葉が、文章のなかにありました。

また、高橋安代という家庭の主婦の方がおられました。その方の場合は、五歳の男の子と三十七歳の夫が共に癌になり、長い闘病生活の後に、わずか二か月ちがいでお二人とも亡くなっていかれたという方です。その高橋さんの文章のなかに、このようなものがありました。

ご主人は、最後の最後まで勤めに出られた。また子どもはよくアイスクリームをねだるので、乳母車に乗せて駅前の店まで連れていかれた。それらのようすを見た近所の人びとが、「あんな体の人を最後まで働かせて」、「あんな子どもを連れていって」と非難されたというのです。それに対して、高橋さんは、「しかし私たちには『また今度ね』ということがないのです。『治ってからね』ということがないのです」そういうことをいわれていました。

病気が治るということがあれば、「治ってから連れていってあげるから我慢しなさい」ということもいえる。けれども、また今度ということがない。そこでは、「その子どもが本当にしたがっていることを、一緒に力をつくしてしてやる。夫が成し遂げたいと思っていることを、何とか一緒に遂げさせてあげる。それが私にできる唯一のことであった」と、そういうことを書いておられます。

そういう言葉のなかから、自分の生き方というものが照らし出されてくるわけです。けれども、ともかくそういう書物を読んでおりまして私の心に浮かんでくる言葉が、「骨道」という言葉です。孫悟空の物語で有名な三蔵法師玄奘《げんじょう》が、シルクロードを通ってインドに経典をとりにいかれた時よりはるか以前、西暦三〇〇年代に法顕《ほっけん》という方が、インドに渡られています。その時法顕は、文字通り道のないところ、砂漠や険しい山のなかを、それこそ地図もなく、何の目印もない道を歩いていかれた。その時、唯一の道標になったのが、その土地に散乱していた骨であったということです。つまり自分に先立って歩んだ人の骨、そこで生きそこに死んでいった人の骨。その骨が、法顕を導いていった。それが、骨道でございます。考えてみますと、おそらくは親鸞聖人において七高僧というものが、親鸞聖人が出遇われた「骨道」だと思うのです。

親鸞聖人は、七高僧という骨道に導かれて、本願念仏の道を歩んでいかれた。つまりその骨は、その人の一生涯をあげてひとつの道を生きられた標です。そのしるしというものに導かれて、私たちは初めて歩みが成り立ってくる。そして実は、私たちは本当に歩みをおこそうとしますと、まことに不思議なことですけれども、必ず自分に先立って亡くなった人が私の行く手を照してくださるという、そういう不思議を体験するのです。

もがいて、迷って、しかし何か得ようとして歩んでいく時には、必ずそこに今まで目に入らなかった、そういう骨道が見えてくる。骨道という言葉で、私の心にはそういう思いがひとつの形になっているわけです。

十一、ただごとでない私

そういうものをずっと広げていきますと、実は親鸞聖人のいわれる還相回向《げんそうえこう》でございます。還相回向ということは、私たちの一歩一歩のなかに、歴史の導きを感じとっていく。自分の一歩一歩の中に、常に新たな出遇いをいただいていく。私の歩みは、そのまま出遇いである。出遇いに常に導かれて、出遇いに支えられて、私の一歩一歩が引き出されている。そういう喜びをあらわしたのが、親鸞聖人の、

謹《つつし》んで浄土真宗を案ずるに、二種の回向《えこう》あり。一つには往相《おうそう》、二つには還相《げんそう》なり。

(「教巻」聖典一五二頁)

という言葉です。

浄土真宗というのは、そういう往還二回向の道です。そしてそういう道だけが、自分が一歩一歩を歩んでいくなかで、「まいらせ心」を破っていくのです。自分の一歩一歩において、恩徳に遇っていく。

曾我量深先生が、この還相ということを「私というものが歴史的な存在であったことの驚きと喜び」、こういう言葉で教えてくださっています。そういう私の一歩一歩に、個人としていえばまことにお粗末なものですけれども、その私が今、こういう道を歩むものとして在るということはただごとではない。つまり、こうして私たちがここに在るということは、本当にただごとではないのです。個人的な思いからいいますと、面倒でしんどいことです。自分の個人的な思いからいえば、このような聞法の場にも出てくるものではないのですが、そういう私をここへ足を運ばせたのは、これは歴史があるからです。私はただごとではない私であったということを知らされるのが、還相回向ということです。

私に力があるから尊ばれるべきものだということではないのです。人間は他の動物よりもすぐれているから、尊ばれるものではないのです。

私が今ここに在ることに、ただごとではない歴史を感じる、社会を感じる。そこにこそ、私が私の思いだけでこれを投げ出したり、うぬぼれてみたりすることの許されないもの、そういう心がはじめてそこに

開かれてくるように思われます。

私たちが、この差別というものを克服していきますその一番根本には、私をそういうただごとではない私としていただきなおすということがあるのです。

私自身をいただくという時に、はじめて一人ひとりの歩みにまた頭が下がるということも開かれてくるのだと思います。そこに人間の尊ばれることを知るものは、本当にその心に生きるということです。ですから、やはり本当に、この私が在ることに深い喜びをもつこと。差別を克服するということも、そこに信心ということがなくてはならないわけです。

信心とは、そういう私の尊さをたまわる道です。自己をも超えるような私の尊さに出遇っていく道です。それはあの宿業の自覚ということでも教えられているわけです。

そしてそこでは、本当に「知恩」ということがいただかれてきます。私がこうして在ることの大きな恩徳を知る。そういう意味がここにはあります。知恩という心に、人間であることを喜ぶ。つまり人間は恩を知ることのできるいのちをいただいているものである、自分のいのちにおいて歴史の、社会の、またそういう大きな御恩を知るということができる。そういうものとして生きているのです。

そして、そのいのちにおいて恩を知るもののみが、本当にどんないのちにも頭を下げていく生き方として、その歩みをもつことが可能になるのです。

三、願いによって開かれる平等社会

一、差別心に気づくことのない差別

フランス人の哲学者であるサルトルが、ヨーロッパでのユダヤ人差別の問題について発言しています。第二次世界大戦では、ユダヤ人であるということで、ただそれだけのことで、その人自身に何の責任もない、責任のとりようもない人種の違いということで、何百万という人が虐殺されたという悲劇を、私たち人類がもったわけです。そのユダヤ人問題について、サルトルが書いた文章の一節を抜き出してみました。

これはそのまま、今日の私たちの差別問題、あるいは差別問題に対する私たちの在り方を、非常に鋭く指摘しているように思うのです。

ちょっと読ませていただきます。

その人達は、本当にユダヤ人を憎んでいるわけではないのである。そうかといって、ユダヤ人を愛しているともいえない。それは、ユダヤ人をすこしも苦しめない代りに、人がユダヤ人に暴力を振っても、眉すじ一つ動かさない人々である。そういう人々は、反ユダヤ主義者ではない代りに、何物でもあり得ない。誰でもないのである。しかし、それにしても、なにかであるような顔は、しなければならないから、その人達は、こだまになるか、ざわめきになるかする。そして元来意志など持てないのだから、悪意なしに、習ったお題目をくりかえし、それによって、あるサロンのお仲間入りをさせて貰う。そして、無用の雑音にすぎないことと、借物故にかえって立派に思われる偉大なお題目で頭を一杯にすることに、喜びを感じる。

（『ユダヤ人』岩波新書、五七～五八頁）

つまり積極的にユダヤ人を差別する、そういう人ではない。つまり何も差別はしないけれども、同時に愛しもしない。愛しもしないということは、主体性をもたない、誰でもないということですね。ということは、こだまになるかざわめきになるという、これが非常に大きな問題だと私は思います。

自分から積極的に差別はしない。けれども差別を、あるいは差別する心を、あるいは差別されている事実をいよいよこだま、ざわめきとしてその社会に流していく、大きくしていく。積極的に差別しないかわりにこだま、ざわめきとしていつまでも、いよいよ大きくしていく。

ここでも「悪意なしに、習ったお題目をくりかえし」ということが、やはり注意されなければならないと思います。私たち一般は、悪意なしに、そのまま広げてしまう。あの人はこういう出だぞ、こういう出の人はこういうことになっている。一度も見たこともないし、具体的に自分自身が、自分の目で自分の身体で本当に一度もたずねてみたこともないのですけれども、みんながそういっているという。みんながそういっていることを、まったく悪意なしに口伝えにしていく。ざわめきにする。そういうように、悪意なしに繰り返す。

「それによって、あるサロンのお仲間入りをさせて貰う」

あるサロンというのは、いろいろな押さえ方、言い方があると思いますが、私たちの身近なところでいえば井戸端会議ですね。何かこう近所の人と、ひそひそと話しあう。ひとりの人を冷たい、白い目で見ながら、同じように白い目で見ているものどうしが、何か連帯感、連帯意識をもって、仲間だという感じでもって井戸端会議にふける。そういう姿があるでしょう。サルトルはフランスの人ですから、サロンと書かれています。

どこまでも借物なのでございます。言うておることは事実かと言われるとそりゃ知らんけど、誰か知らんけど言うておったと言いながら、或る人が言うておったと……そういう形で責任を次から次へと押しつけていく。どこまでも借物の知識でざわめきにし、こだまにする。悪意なしにこだまし、ざわめきとしてしか生きていない、そういういい加減な人びと、そういう人びとが実はそういう差別というものの持続を確実にしていく。

差別の持続です。いつまでもいつまでも差別が続いていく。差別の持続というのを確実にしていく。このような、サルトルの告発の文章ですけれども、言葉も、国も違い、対象も違うわけですが、私たち人間における差別の心、しかも特に何か主義主張をもってですね、その意味では自分に責任をもちながら積極的に差別している人ではなくて、かえって悪意なしに繰り返している我われ。悪意なしに繰り返しているということの問題の大きさ、問題というより何か責任の大きさというものを、この文章が教えてくださっているように思うのです。つまり、悪意がないだけに、自分の差別心に気づくことがない、差別なんかしていないつもりで、差別をし続けてゆく。

これも忘れられない言葉があります。灰谷健次郎という方の『太陽の子』（理論社）という小説があります。沖縄から神戸へ移ってきておられる人たちの物語で、ふうちゃんという女の子を中心にした物語です。

その沖縄から移ってきた人たちが、やはり沖縄から移ってきた仲間が開いておられる食堂にいつも集まって、お互いに支えあいながら生活しておられる。その店の名前が「てだのふあ・おきなわ亭」。「てだのふあ」というのは、沖縄の言葉で太陽ということだそうです。その「てだのふあ」という食堂に集まってお互いに支えあい、励ましあって生きてきておられる。そして、たまたまある日、その店で新聞を開いたら、そこに「沖縄出身の若い女性、孤独の死」という記事が出ていた。

これはおそらく、実際にあったことを灰谷さんが取り上げておられるのだと思います。その記事によりますと、その女性が亡くなってから推定でだいたい一か月はたっている。その娘さんは、集団就職で沖縄から大阪に出てきたけれども、その部屋を調べてみたら一通の葉書すらない。そしてまた、最近勤めていたという就職先というものもわからない。その部屋には、食物が何一つなくて、衰弱して餓死の状態だったという記事が出ていたわけです。

その記事を読んだひとりの青年が、「かわいそうにな」というのです。そうしたらもうひとりの男が、かわいそうにといった青年を怒るのです。「かわいそうやなんてことば使うな」、「沖縄には、かわいそうなんていうことばはないんじゃ」というのです。

「肝苦《ちむぐ》りさ」、こういう言葉が沖縄にはあるのです。「肝苦りさ」というのは、肝苦しいつまり胸が痛む。かわいそうなどということではなくて、肉体、肝《きも》が痛むということなのです。沖縄では「肝苦りさ」という言葉でいわれるのです。

そこで、「口先だけかわいそうやなんていうてる奴《やつ》ほど、痛いこともかゆいこともなんにも感じてない奴や」という。さらに、

「痛いこともかゆいこともないことをいうてるから、痛いめにあう人間がちっとも減らへんのや。この女は病気で死んだのとちがう、餓え死にしたんともちがうんやで、痛いこともかゆいこともないことをいうている奴に、寄ってたかって殺されたんやでえ」。

そういうことを、灰谷さんはそこでいっておられるのです。つまりかわいそうにかわいそうにと同情する。同情という形で、かわいそうにという言葉でかたづけてしまう。結局そういうかわいそうにという言葉で、つまり同情でかたづけてしまってきた人たちが、この娘さんを孤独な餓死状態に追い込んだ。ですから、被差別部落の問題においても、そういう差別を受けてきた人に本当に気の毒だったと同情する。同情するということは、そういう不当な、自分に責任のないことで責任を負わされる、二度とない人生というものをいためつけられてきた、奪われてきた、その人たちに向かってかわいそうに、気の毒にと同情する。同情する心というのは、やさしい心ですから、同情するのを否定するわけにはいきません。同情するなんてけしからんと、そういうことはだめだとは、誰も思いません。同情する人自身も、自分が同情してそこに何か自分自身のやさしさを感じるということがあるのでしょう。

ただ同情というのは、けっして自分自身を問い返す心にはならないのです。同情というのは、相手に対して同情するだけで、自分自身はどこまでも今までどおり保たれているわけです。自分をそのままで保ったうえで、相手に対して、かわいそうにと同情する。それは結局、やさしいようでいて、少しもその現実を変える力にはならないし、かえって自分自身をいい子にしてしまう。

そういうことが、「かわいそうなんていうことばはないんじゃ」という言葉で、指摘されているのではないかと思うのです。

二、差別意識を増幅するこだま

『正像末和讃《しょうぞうまつわさん》』の「愚禿悲歎述懐《ぐとくひたんじゅっかい》」に、親鸞聖人がご自身を深く悲歎されている、

小慈《しょうじ》小悲もなき身にて　有情利益《うじょうりやく》はおもうまじ
如来《にょらい》の願船いまさずは　苦海をいかでかわたるべき　（聖典五〇九頁）

という和讃があります。

この「小慈小悲もなき身にて」ということは、まったく慈しみや悲しむ心をもたないということではございません。ただその慈しみや悲しむ心というのが、結局は自分というものを壊さずに置いてあって、そのうえで人に対する上からの慈しみや悲しみに終わってしまう。そしてそれは結局、同情しかわいそうにといっているということで自分自身を肯定していくことになる。そのために、本当にその人とその人の悲しみを共に生きるということになってこない。逆に同情という形で、そういう現実を残していくことになる。そういう事実に対する、親鸞聖人の深い悲歎というものが、この和讃にはうたわれているのだと思うのです。

少なくとも、差別の問題というのは、私の傍《そば》にいるひとりの人が今そういう同情によって人生を奪われているという事実、そのひとりの人に出遇うということが、やはり一番大事なことなのではないかと思います。

何か被差別部落というように、全体を包んだ言葉でいうと話が外へ遠のいていく。そうではなくて、こ

ういう具体的な一人ひとりに私が本当に目を開かれていくことがなければ、結局は自分の生活とは遠い話になってしまうのではないかと思うわけです。

サルトルの『ユダヤ人』の中には、「ユダヤ人とは、他の人々が、ユダヤ人と考えている人間である」と、こう書かれているのです。私は、それほど詳しくはありませんけれども、それでもユダヤ人という言葉を聞きますと、何となくイメージをもつわけです。世界各国、あらゆる国に行って、そしてそこで自分たちだけのために利益をどんどんあげて、世界的に経済力をにぎっていく。そのうちに、その国がユダヤ人の経済力によって支配されてしまう。サルトルの文章によりますと、そういうユダヤ人と私たちが口にするそのユダヤ人という在り方は、実は他の人びとがユダヤ人とはこういうもの、こういう人だと考えて作りあげたものであるといわれています。

事実があってそういう言葉が生まれてくるというよりも、ユダヤ人だという言葉が先に事実というものの色づけをしてしまう。つまり私たち一般のものが、いわゆるユダヤ人というものを作りあげてきているのであって、ユダヤ人と呼ばれている人たちの側に、そう呼ばれなければならない事実があるわけではない。

差別というものは、いつも差別する側が作りあげるのであって、差別される側に差別されなければならないような事実があるわけではないのです。差別する側が作りあげて、それをもって押しつけていく。ですから、おおよそ差別というものは、差別をする人があるから差別が起こってくるのです。差別されるべき人がいて差別されるのではない。少なくとも歴史の流れというものを辿《たど》っていけば、けっして事実が先にあったのではなくて、差別の意識が先にある。そしてその差別の意識というものもまた、もともとはいろいろな形でサルトルがいうような、「こだま、ざわめき」でしかないのです。

三、責任転嫁の生き方

ところでかつて、福岡県の同和教育研究協議会の会長をしておられる林力先生が、ご自分の体験として、次のようなことをお話になりました。

林先生が新幹線に乗っておられたとき、車両の一番後ろの席に、若いお母さんと小さな子ども二人が乗っていた。そして、その子どもたちが、車両の端から端まで走り回って騒いでいたのです。それがいつまでも続くのですが、若い母親はそれをとめるでもなく注意するでもない。それどころか、一緒になって笑っていたというのです。

そこで、林先生は腹にすえかねて、ちょっと厳しい目でその子どもたちの走り回るのをにらみつけておられた。そうしたら、その若いお母さんがその林先生の目に気づいて、二人の子どもに「やめときなさい。こわいおじちゃんに叱られるから」といったのだそうです。

「みんなの迷惑になるからやめなさい」とはいわないで、「こわいおじちゃんがいるから、やめなさい」といったのです。

私自身も体験したことがありますが、このごろは非常に多いですね。「みんなの迷惑になるから」ということではとめない。「こわいおじさんがいるから」という、そういう形で子どもたちをとめるのです。そのようなとめ方をしていたのでは、子どもたちは、自分のしていることを振り返らずに、あるいは振り返るという眼を与えられずに、いつも問題を外の誰かに、原因を押しつけていくことになってしまいます。「こわいおじちゃんがいるから」というのですが、そのおじちゃんがこわい人かどうかわからない。その時まあ、厳しい目で見ていたというだけのことです。しかし、子どもの心には、こわいおじちゃんというイメージがどんどんふくらんでいくわけです。

これは、「こわいおじちゃん」という言葉で、無責任にひとりの人の上にレッテルを貼りつけて、そして一切の責任といいますか、問題をそのおじちゃんに押しつけていくということで、これは私たちがいろいろな差別を押しつけていくのと同じ構造をもっているのです。

このようなところから、差別しているという差別の事実に対する鈍感さというものが、培われてしまうのでしょう。さらに、そういうように、問題を全部いつも他人に押しつけていく。

仏教では邪見《じゃけん》ということを、最も深く戒められています。「正信偈《しょうしんげ》」には、

煩悩《ぼんのう》を断ぜずして涅槃《ねはん》を得るなり。（不断煩悩得涅槃）　（聖典二〇四頁）

とあります。

煩悩があるということ、これは私たちの身の事実です。煩悩を断ち切らなければ、涅槃を得ることができないということであれば、私たちには道はない。しかし、その煩悩というものは、けっしてその人を救いから遠ざけるものでもない。かえってその煩悩を場としてはたらくのが本願です。そのことを親鸞聖人が、深いよろこびをもってうたわれているのです。

しかし、

邪見憍慢《じゃけんきょうまん》の悪衆生《あくしゅじょう》（邪見憍慢悪衆生）　（「正信偈」聖典二〇五頁）

とも、一方ではうたわれているわけです。邪見憍慢という心を、どこまでも厳しく問われているのです。そしてその邪見という心は、どのような心かということについては、『成唯識論《じょうゆいしきろん》』で「因果、作用、実事を謗ずる」（抄出）という言葉で教えられています。

謗ずるというのは、否定するということで、最初の「因果を謗ずる」、因果を否定するというのは、私の身の事実というものの責任を否定するということです。私は、この因果を謗ずるということは、言葉を換えていいますと、責任転嫁ということになると思います。

今お話した若いお母さんの場合でいいますと、自分の子どもをどのように育てるか、そのことについて自分の責任というものを少しも自覚していない。そして、こわいおじちゃんを作り上げて、こわいおじちゃんの名を借りて子どもをおとなしくさせたのです。けれども、それでは子どもの心に、悪いことをしたという自覚は生まれてこない。たまたま、こわいおじちゃんがいたからやめただけだという意識しか残らない。そのようにすることで、その若い母親は、母親としての責任というものをまったく自分自身に引き受けずに、ことの責任をどんどん他に転嫁していくことになっているのです。

こういうことは、私たち現代人の生き方の中に、強く出てきています。これは一般論ですけれども、私たちには、自分の人生に対する自分自身の責任ということを少しも思わずに、常にまわりに要求し、常にまわりに責任転嫁していくという姿があります。

次に「作用を謗ずる」、作用を否定するということですが、作用というのは、ひとつのことが私のうえに成り立っている背後には、限りない作用、はたらきかけがあるということです。その作用を否定するということは、まわりのいろいろな力というもののお陰を受けている、そのお陰を否定するということです。

私は、常にこういう言い方をするわけですが、責任転嫁をする人はだいたいお陰を知らない人です。ひとつのことが成り立っている背後には、限りないはたらきがあるのであって、けっして私の力、私の決心だけでことが成就しているわけではないのです。そのようなまわりのいろいろなお陰を否定する。そして、責任はまわりに押しつけて、功績は自分に奪ってくる。ですから、責任転嫁をするということと、作用を謗ずるということは同じ心で、一つの心が二つの面にあらわれてきているわけです。

そして、最後の「実事を謗ずる」、事実を否定するということですが、事実というのは、真に功徳あるものということです。具体的には、仏法僧の三宝のことで、仏と仏法とその仏法を求めて歩んでいる多くの人びとのことです。ですから、「実事を謗ずる」という在り方は、いうならば自分というものを絶対化して、他を尊く思うことができないということになります。

四、ざわめきに生きる鈍感さ

自分を絶対化するといいましたが、本人の自覚としては、自分を絶対化しようなどという意識はありません。しかし、今の若い人たちに顕著にあらわれているのは、自分が面白いと感じるか感じないか、自分の気分にあうかあわないかということで、することを選び分けていくということがあります。そこには、人間にとって大事なことかどうかという問いはないのです。面白くないこと、いやなこと、つまらないこと、そういうものには積極的に参加しようとしない。そしてそこのところでは、結局自分の感じだけで決めていくことになるわけです。自分が面白いとか面白くないと感じる、その感じを絶対化していく。その感じを基準にして生きている。そんな生き方をしているという意識もないほどに、それによって生きているわけです。少なくとも、そこには頭が下がるという心がないのです。そしてそれは、人の話を聞くという心も奪い取っているのです。

邪見というのは、一つには責任転嫁、二つにはお陰を知らない。三つには自分を絶対化するということです。そのような生き方の根本にあるものは、自分というものを中心にしてしか生きていないということです。常に自分というものを絶対的なものとして、教えに耳をかたむけるとか、頭が下がるという心をまったくもたないということなのです。

私たちは、煩悩を抱える存在です。ですから、いろいろな悩みを抱え、苦しみ、迷いながら生きている。しかし、苦しみ、悩み、迷いというものには、実は何か救いを求めずにはいられない心が、その裏にはあるのです。ですから、煩悩があるということは、けっして仏法を求めるのに害になるものではない。それどころか、煩悩あればこそ教えを聞かずにはいられないということもあるのです。

それと異なり、邪見憍慢の心は、これは聞く耳をもたない。ですからこれは、まったく仏法に背く在り方なのです。そういう邪見という言葉で教えられている在り方が、今日の若い世代に色濃くあらわれてきている。若い世代に色濃くあらわれているということは、若い世代というのはそれこそサルトルのいう「こだま」だということです。私たち親の世代のもっていることに、こだましているわけです。ですから若い世代の人たちだけの問題ではない。私たち親の世代の問題でもあるわけです。

そういう形で私たちは、限りなくこわいおじさんを作りあげていくわけです。そしていろいろな問題は、全部こわいおじさんの責任にしていく。そういう形で、理由なしに差別される人間というものを、私たちが作りあげてきている。ユダヤ人を作りあげてきたものは、ユダヤ人に反対する人たち自身だというサルトルの指摘は、実は私たちが抱える部落差別の問題と少しも事情は変わっていない。やはり私たちが作りあげてきた、そしてその時には、それこそ悪意なしに習い覚えたことで動いている。

常識ということも、その本来の意味は、「誰でも頷かざるをえない事実」ということで、人間であるなら誰でもがそれに従わずにはいられない真実を意味するのです。ところが、現実的には、世間的には誰でもどこでもいっているこだま、まさに習い覚えた習慣というものでもあるのです。誰が言い出したのか、誰がどういう事実を押さえてそういったのか、そういうことはわからない。責任の所在がどこにもない。みんなが、私もこう聞いた、そう聞いているから、私はそれを伝えただけなんだという。そういう形で、まさにこだまとなって広がっていくのです。

そして誰いうとはなしに、無責任な噂という形で、ざわめきとなって広がっていく。そういう、こだまやざわめきでしかない。こだまやざわめきで生きる私たちの、そういう現実に対する鈍感さといいますか、その無知という形が、今度はひとつの力によって利用されますとき、これは簡単に、私たちはいつ知れずひとつの方向に向かって走り出してしまう。こだまやざわめきに対して、ささやきといってもいいですね。ひとつの意図をもって、耳もとで繰り返し繰り返しささやかれますと、だんだんその気になっていってしまうのです。

五、差別するものの問題

今日では、隣の町に行くように、アメリカへ行ったりヨーロッパへ行ったりするようになりました。それで、アメリカ人などもごく身近な存在に感じるようになったわけです。

ところが、戦争中は徹底して鬼畜米英とささやかれていて、私たちは本当にアメリカ人やイギリス人を鬼畜だと思っていました。実際に見てつきあって、鬼畜だと納得したわけではありません。ただ鬼畜米英というささやきを聞くなかで、本当に鬼畜という思いをもって生きていたのです。

ですから、人間というのは、事実にもとづいて判断する以前に、こだまやざわめき、そしてささやきというものによって生き方を決められていく。ものの見方を決められていくものなのです。

そういう形で、私たちがこだま、ざわめき、ささやき、そういうものによって身分を作りあげていく。私もそういうこだま、ざわめき、あるいはささやきというものを絶えず耳にしていましたから、そういう形でしか見ていなかった。そういうイメージがございますから、差別ということに出会っても、恋をし涙を流す具体的なひとりの人間というものを見ることをしないで、そういうイメージのところで決めてしまうのです。そういうイメージを通してしか、人間を見なくなっている。そういう在り方をしている。しかもそこに悪意がなく、ただ世間の常識に従っていると思っている。そういう形で差別ということもなされるわけですから、これはとめどもなく続いていくわけです。

サルトルがいっているように、ユダヤ人に対する差別というものをいつまでも続かせる力、持続を確実にし、世代から世代へと確実に伝えているものは、まぎれもなくこのいい加減な人びとであったということなのです。このようなサルトルの指摘が、たしかに身にひびいてくるわけです。

私たちは、けっして悪意をもって差別したことはない、そう自分では思っている。しかし、現実に差別に泣いている人があるということに、まったく無知である。そうして私は、日々そういう常識に従って、事実よりも先に習い覚えた習慣でものを見てきている。そこに限りなく第二、第三の差別に泣く人が生み出されてくる事実があると思うのです。

私たちは、どのような形であれ、具体的なひとりの人に出会うことがなければ、結局は自分の人生そのものを、こだまやざわめきだけに従ってすごしていくことになります。他人の人生を、こだまやざわめきで踏みつけ、差別するということは、実は自分自身の二度とない人生をこだまやざわめきだけで踏みつけて、そしてそれによって生きていくということでもあるのです。

差別の問題というのは、けっして差別されている人びとの問題だけではないのです。それどころか、実はそういう差別を現に温存しながら、そのことにまったく何の自覚ももたずに生きている私たちが、まさに人間としていい加減な人間ではなく、自分の人生に責任をもつ人間として生まれかわっていくということであると、あらためて教えられてくるわけです。

六、善意の差別

差別ということは、人間の無明性の深さによるもので、世界のどこであっても、いろいろな形の差別というものがあるわけです。しかしサルトルがいうユダヤ人の差別問題も、いわゆる日本の部落差別問題も十把ひとからげにして差別問題であり、人間の中にある差別心の問題であるという形に考えを持ってくると一般論になります。一般論にしてしまうときには、必ず自分の外のことにしてしまいます。そういうところでは具体的なひとりの人が抜け落ちてしまいます。そして、不当な差別に泣いておられる人、あるいは激しい怒りをもち、訴えておられる人に出会って、そういう事実から目をそらさずに立ち向かうことから、人間の引き起こす差別を深くかえりみて、そこに平等の社会を築きあげようという願いをもつことになります。そういう願いが、そこから生まれてくることになります。

　ところが、その平等ということが、なかなか難しい問題を抱えているのです。平等ということを単純に考えますと、要するにみんな同じ人間だというところに立てばよい、そういうことになるのではないでしょうか。もう少し強調した形でいいますと、差別する心というのは間違っている、だから差別されてきた人も、そのことをあまり言い立てないようにしよう。そして、要するにみんな同じ人間として、仲よくやっていきましょうということになってしまうのです。

　サルトルは、そういう問題について、「そういう考え方というものは、人間として救うかも知れないけれども、そういう言い方は結局はその人の具体的な命の事実を抹殺する事になる」といっています。

　このような、みんなを同じにするということの問題点をあらわにしたのが、戦前の日本の歴史のなかで、朝鮮の人たちの名前を強制的に奪い取って、日本人としての姓を押しつけた「創氏改名《そうしかいめい》」ということだったと思います。先祖からの歴史ある名前を奪い取って、ひとつの名前を押しつけた。そこでは、朝鮮民族だという自覚を奪って、みんな一緒だというところへ埋没させようとしたのです。そういう形で、みんな平等だといい、そういう形をとってきた歴史があるわけです。

こういうことを考える時、思いだされる言葉が、「のっぺらぼうの四海同胞」という言葉です。この言葉は、筑豊炭田が廃坑になったあと、苦しい生活をしておられる人びとのなかに入り、その人たちと一緒に生活しながら、いろいろな問題を模索しておられる谷川雁という評論家の文章の中にある言葉です。谷川さんは「のっぺらぼうの四海同胞」といわれたのです。私たちは、御同朋御同行といいますけれども、その御同朋御同行ということは、けっして一人ひとりのかけがえのない具体的な在り方を否定して、みんな同じ色になることではないはずですね。

経典の中では、浄土は、

青き色には青き光、黄なる色には黄なる光、赤き色には赤き光、白き色には白き光あり。（青色青光、黄色黄光、赤色赤光、白色白光）

（『阿弥陀経』聖典一二六頁）

と説かれています。青い色は青く光り、黄色い色は黄色く光る。

それに対して、四十八願の第三願、悉皆金色《しっかいこんじき》の願では、

たとい我、仏を得んに、国の中の人天、ことごとく真金色《しんこんじき》ならずんば、正覚を取らじ。

（『無量寿経』聖典一五頁）

と、浄土においてはすべての存在はことごとく金色であると、悉皆金色が誓われているわけです。つまり平等ということが願われてあるのですけども、そういう願いで成り立っている浄土、そういう願いが成就して成り立っている浄土は、それではみんな金色で一色かといいますと、経典にはその願いが成就した世界の姿として、青い色は青く光り、黄色い色は黄色く光る、赤い色は赤く光り、白い色は白く光ると、そ

れぞれに、そのものの光が本当に光り輝くというように説かれているのです。

ですから、平等ということは、みんなが一色になることではないのです。みんなが同じ色になるということが究極の目的なら、皆をまっ黒にしてしまえばよいわけです。黒一色です。あらゆる光を全部奪い取りますと、いろいろな色の服を着て集まっておられる人びとも、全部闇の中にひとつに溶け込んでしまいます。それでもやはり、ひとつの色に全部がなっているのですから、平等といえば平等かもしれません。しかし、そういうものは、のっぺらぼうの平等であり、いわゆる悪平等といわれる平等です。

そうではなくて、平等ということは、一つひとつの光が他の色と差別されることなく、その色本来の輝きをかがやかすということであるわけです。その人、その人、一つひとつのものそれ自身のかけがえのなさというものが、本当に光り輝く。

光を全部奪うということは、仏教では光ということで智慧をあらわしますから、それを言い換えると、智慧をなくしてしまうということになります。そして、まあいいじゃないか、いいじゃないか。まあそう、ことを荒立てなさるな、みんな仲よくしていけばいいんだと、さも問題がないかのようにしてしまう。たしかに、いいじゃないかという在り方をとれば、みんな仲よくなったように見える。しかしそこでは、今いいましたような、一人ひとりのかけがえのなさというものが、奪い取られてしまうのです。

日本がかつて朝鮮の人びとに対して行なった「創氏改名」ということは、すべてをひとつにしてしまって、同じ色にすることで区別をなくすことでした。ですからそこでは、ひとつの自覚をもって自分自身を名のるということを拒否するわけです。そういう名のりを拒む。朝鮮の人が、私は朝鮮人であると誇りをもって、自覚をもって名のることを押さえこんでいくということだったのです。

これは、今にいたっても続いていることでして、名古屋の小学校で、朝鮮の人の子たちが新しく入学してこられた時に、日本人の名前にしてくれといわれた。朝鮮人としての名のりをして、朝鮮人の名前で登校しないで、日本人の名前できてくれといわれたのです。そうしないと、差別が起こったり、問題が起こるかもしれないからということなのです。それを、学校側は善意でいったと思っているわけです。朝鮮人の名前をもっていると、それこそ子どもたちがいじめられるかもしれない。そういうことが起こって、その子どもがかわいそうな目にあってはいけない。だからみんなと同じように、朝鮮人であるということがわからないように、日本人の名前できてくれといったのです。

これは、それこそ悪意のない差別です。しかし悪意のない差別というものこそ、大きな問題をもつのです。

七、名、存在を手渡す唯一の道

名前ということで教えられたことがあります。石原吉郎《いしはらよしろう》という詩人で評論家の方、この方が終戦後シベリアに抑留され、長いあいだ強制労働に従事させられたのだそうです。そこでは、ひどい食糧状況で、食糧も食器も足りなかった。それで、三人に一個の飯盒《はんごう》が与えられ、それにお粥《かゆ》が少し入ってくる。それを三人で平等に分けるのが大変な作業だった。はじめに米つぶを全部出して、一粒一粒多い少ないということのないように三等分し、そのうえでお粥の汁をかけるということをされたそうです。

しかも、零下四〇度のところでの強制労働ですから、とても生きて帰れそうにもない。生きて帰るということに対して、もう夢は捨てている。捨てているというよりも、そんな夢をもっていると、とても耐えられないのですね。望郷の念をもっていたら耐えられない。その夢を早く捨てることのできた人だけが、生き残ったそうです。

その抑留中、時どき場所を移ることがあるのだそうですが、汽車に乗せられて移送される。その途中で、ときたま乗り継ぎの場所でですね、ほかの収容所からきた日本人捕虜の団体とすれちがうことがある。駅のホームや通路でいきちがうだけですから、何ほども話ができない。そういう時に、最後に人間にできることは、自分の名前を名のることであったといわれています。

自分が国へ帰るということは断念している。けれども、私がここで、このように生き、このように死んでいったということ。私がここにいて、私が生きていたという事実を、そしてこのように私は死んでいったという事実だけは伝えたい。それを伝えるための最後の手段が、自分の名前を相手に託すことだった。相手に自分の名前を名のって、もしあなたが国へ帰ることがあるなら、どこそこの場所でこの名前の人に会った、そのことだけを伝えてほしい。それが、人間の最後のぎりぎりの願いであったといわれます。そしてまた、収容所では、死んでいった人の名前を、自分の名前を、便所とか壁にはりつけていく。そういうことがあったと、石原さんは書いておられました。

つまり、私という存在を相手に伝えることのできる最後の道、そして唯一の道が、名前を伝えるということだったのです。

名前とは、自分の全存在を相手に伝えるための、その願いのあらわれであり、その意味で仏の名号というのは、仏がその全存在を衆生に手渡そうとされる、唯一の道であるわけです。仏がその存在を名前にまで具体的にしてくださった。名前というのは、抽象的なレッテルではない。名前というところに、結局最後の最後に残る具体性がある。けっして他と代わることのできない私の人生、私のいのちというもの。その存在のすべてをこの世に刻みつけ、人びとに伝えていく最後の道が名前なのです。

仏が名号として、自らを衆生のうえに託された。ですから名号は、衆生である五濁の我らに付属せりといわれるように、仏の名は仏に必要なものではないのです。衆生、私たちにこそ必要なのです。これは、人にこの私というものを伝えるために、私の名が必要なのと同じです。

名前で差別する、そしてその人のかけがえのない名前を奪い取る。名を奪い取られ、他の名を押しつけられていくということは、私の人生が奪い取られ、私の具体的ないのちの歴史というものを奪い取られ、押しつけられたもののなかに無理矢理にはめこまれていくことになるわけです。

ですから、平等ということは、何かお互いにそれぞれの名のりを奪い取って、みんなを同じ人間にして、その結果みんなをバラバラにしてしまうことではないのです。

八、人の世に熱あれ、人間に光あれ

大正十一（一九二二）年三月三日に、京都の岡崎の公会堂で、いわゆる「水平社宣言」がなされたわけです。その「水平社宣言」では、一番最初に「全国に散在する吾が特殊部落民よ団結せよ」とあり、そこに「吾が特殊部落民」と名のっておられるのです。また、「吾々がエタである事を誇り得る時が来たのだ」ともいわれています。つまり、差別されてきた歴史を背負って自分のいのちの歴史を誇り得る時がきたといわれるのです。自分のいのちの歴史というものを誇り得ないならば、そこには平等もないし、人間の尊厳ということもない。そういうことが、ここに名のりとしてあらわされているわけでございます。

「水平社宣言」の一番結びにいわれていることは、「人の世に熱あれ、人間に光あれ」という願いです。「人の世に熱あれ」といわれますが、「熱」という言葉はいろいろに受けとめることができるかと思います。ひとつには、この「熱」という言葉で熟語として頭に浮かぶのは「情熱」です。この世にあるすべての人びとが、情熱をもって生きる。それぞれ自分の人生に情熱をもって生きられる世であれ。この世に絶望し、この世に生きる熱というものを奪い取られ、どうせ仕方がないという形で打ちひしがれて生きるという在り方ではなく、ここに生きているすべての人が自分の人生に対して情熱をもつ。そういう情熱という言葉が、熱あれという言葉に結びついて思われるわけです。

もしそうだとしますと、そういう情熱というものを生み出してくるもの、それはもうひとつ押さえていえば、それは願いというものでしょう。いつもいうことですけれども、どんなに肉体的に元気でありましても、その人の中に何の願いも燃えていないときには、その人の在り方というものは、けっして光り輝きはしないのです。

どういう状態であろうと、たとえその人が寝たきりの姿であれ、その人のなかに願いが燃えているときには、その姿はやはり生き生きとしたものとなる。そうであるならば、そのままに光を与えるもの、つまりいのちに光を与えるものは願いということになります。ですから、すべての人びとが、その人自身の願いというものを見いだし、その人自身の願いに生きていける。そういう世であれと願われている、それが「人の世に熱あれ」ということで思われるわけです。

「人の世に熱あれ、人間に光あれ」というのは、まさしくそれが願われるべき平等という姿だと思います。「のっぺらぼう」になるのではなくて、それぞれが、それぞれのかけがえのない願いに目覚め、その願いにおいて生きていける、そういう生き方のできることが平等の世界なのです。

そこにひとつ、願いという問題が出てきます。つまり具体的に平等の精神に生きるということ、具体的に私たち一人ひとりがそういう差別の意識を乗り越えて、人間としての平等の輝きを実現していこうとする歩みをもつということ。そういうことは、具体的にどういう姿としてありうるのか。そういうことが、私には最後に問われてきます。

九、結果を予想しない運動

現実の世界では、差別ということが、いろいろな形で続いているわけです。そのことを思いますと、差別というものを完全になくして、本当の意味での平等の世界を実現することに対しては、非常に絶望的にならざるをえないものを感じるのです。

さきほどいいましたように、私たち自身が自覚していないような、悪意のないこだまやざわめきとしての差別心というものが、繰り返し繰り返し差別の現実を生み出していくのです。そこには、はっきりとした自覚がないだけに、意識なき差別を繰り返していくということが、どうしてもなくならない。そういうことを振り返って思うわけです。

そのように、具体的に差別はなくならないということであれば、本当の意味の平等というものが、この社会に実現することはない。だから諦《あきら》めよ、仕方がないことだと諦める、そういうことになるのか。

しかし、差別を告発した、血を吐くような思いをこめた言葉に触れ、その言葉を聞いた後では、「差別をなくすことなんかできない」と諦めることなどできません。「それは仕方がないことだ」と、すましてあぐらをかいてはいられないものを感じます。

それでは、どういう道があるのか。あぐらをかいているわけにはいかないけれども、期待もできない。しかし実はそこに、ある意味では実現が不可能だ、期待がもてない、しかし諦めるわけにはいかないという、心の裂目《さけめ》から吹きあげてくる願いというものがあるのです。実現できるかできないかを超えて、その願いを自分の人生のなかにもち続けずにはいられないという、つまりいのち自身が叫ぶ願いがあるのです。

たとえば、「人の世に熱あれ、人間に光あれ」といわれた西光万吉《さいこうまんきち》という方は、「業報に喘《あえ》ぐ」という題で書いておられます文章の中で、次のようにいわれています。

吾等に要るものは、真に親鸞の魂に燃えた信仰の焔である。その正邪、善悪の何物をも焼きつくす業火の中に開く超倫理の精華である。人は永劫に人と闘ひ、人を殺すであらう。しかもこの精華あるが故に人世は暖かく湿《うるほ》ふ。

このようにいわれています。

西光万吉さんは、「人は永劫に人と闘ひ、人を殺すであらう」といわれます。西光万吉さんは、けっして夢を描いておられるのではないのです。人は永劫に人と闘い、人を殺すという現実を見つめておられます。それでは絶望しなければならないのかというと、「しかもこの精華あるが故に人世は暖かく湿ふ」といわれる。その精華とは何を押さえていっておられるかというと、それは「親鸞の魂に燃えた信仰の焔」

なのです。親鸞聖人の魂に燃えている信仰の焰、それはあらゆる「正邪、善悪の何物をも焼きつくす業火の中に開く超倫理の精華である。……この精華あるが故に人世は暖かく湿ふ」、そういわれています。「親鸞の魂に燃えた信仰の焰」というのは、いうまでもなく本願で、そこに願いということがあります。

「人の世に熱あれ、人間に光あれ」とうたわれた「水平社宣言」ですが、その宣言をかかげた時に、西光万吉さんの友だちであり同じ志をもつ人であった当時の『中外日報』という新聞の記者で、住職であった三浦参玄洞という方が、こういうことをいっておられます。

凡《おおよ》そ結果を予想しない人間の運動に二種ある。いわく衝動的運動、いわく宗教的運動。蓋《けだ》し水平社運動は是非後者であらねばならぬ。

このようにいっておられます。

「凡そ結果を予想しない人間の運動に二種ある」、結果というものを予想しないで、しかもすすめられていく人間の運動というものには二種類がある。「いわく衝動的運動」、つまり衝動的な運動というものは、結果を予想して、こうしたらこうなると何か見込みが立ってやっているわけではない。そういう結果を予想せずに行なう運動というのは、衝動的な運動です。しかし、衝動的な運動は、衝動的であるだけに持続しないということがある。

そして、もうひとつは「いわく宗教的運動」。宗教的運動というものも、それは結果を予想しない。「蓋し水平社運動は是非後者であらねばならぬ」、つまり水平社運動というのは、ぜひ宗教的運動でなければならない。ではその宗教的運動とは何かというと、それは願いに生きるという運動です。

実現する見込みがあるからやる、実現する見込みがないからやめておくというのは、これは世間の運動です。日常生活においては、まったく見込みのないことにがむしゃらになるということは、愚かなことだといわれています。

あのこと、このことという、具体的な事柄についてはそうであろうと思います。けれども、私たちはこの人生の全体をあげて何を願いとし、何に生きようとしているのか。その人生全体をあげてということを問うのが宗教です。私たちの先祖の人たちが言い伝えてきた言葉でいえば、後生の一大事を明らかにするということでしょう。後生の一大事を明らかにするということは、つまりこの私の一生のなかだけの問題ではなくて、この一生には必ず死ぬということがあるのですけども、その死でもって終わる、帳消しになるような人生ではなくて、必ず死ぬはずの私の一生の全体をあげて、どういう願いに生きようとしているのか、どこへいこうとしているのか、そういうことが問われてくることです。

十、願いが人間を動かす力となる

作家の吉川英治さんは、「人生列車」という文章の中で、

東京を出る時には全く意識が無かった。横浜も全く気が付かない。丹那トンネルを過ぎる頃にやっと薄目を開けて、静岡に着く頃に辺りをキョロキョロ見廻し、そして名古屋で五分間停車になってからあわてだして「一体この汽車はどこへ行くんだろう」と大騒ぎをする。現実にそういう乗客が自分の乗り合せた汽車におったら、誰でもみんなその乗客を笑い軽べつするだろう。けれども私たちの人生列車の乗客はみんなそうなんだろう。

といわれています。

私の一生を人生列車に譬《たと》えてみれば、東京というのは誕生のとき、そして横浜は赤ん坊か幼児期ですね。そのころはまったく意識がない。丹那トンネル通過のころは、青少年のころです。人によって差があるでしょうが、そのころになってやっと薄目をあける。つまり、自我を意識しはじめる。そして静岡でキョロキョロ見回すというのは、自分の人生を意識しはじめて、自分は何をしているのか、何をすべきなのかを考えはじめるということでしょう。

名古屋の五分間停車といわれるのは、わざわざ五分停車といわれているのですから老年ですね。一息入れなければ何もできないという。そういう身になってみてはじめて、つまり自分の人生の終わりにきてはじめて、いったい自分の人生はどこへいくのか。この汽車は、いったいどこへいくのかとあわてふためく。

考えてみますと、たしかに吉川さんのいわれる通りですね。日々のいろいろな問題に振り回されていて、この問題もあの問題も解決した。そのことで日をすごしていますから、自分の人生を本当に真剣に生きているように思う。思うというより、たしかに真剣に生きているのです。それぞれに精一杯生きているのです。精一杯生きてはいるのですが、しかし自分の人生列車がどこへ向かっているのかも知らないままに、そのことを問わないままに乗り続けるとしたら、それはやはり自分の人生に対して無責任ではないか。少なくとも、自分自身に対して、それは申しわけないことではないのか。

私たちは、人生全体をあげてどこへいこうとしているのか。何を願っているのか。その願いというものは、実現できるからとかできないからということを超えています。実現できる、できないということで、願ったり願わなかったりするものではないでしょう。

逆に、その願いということが、私の人生を支えていくような、そういう願いなのでしょう。本願というものは、私の人生を見いだし、私の人生を支えてくれるような願いです。私がもつ願いではなくて、逆に私を見いだしてくれるような願いです。いうならば、私のいのちよりもっと根本にある、それあるがゆえに私のいのちが熱をもち光をもつ。そういえる願い、それが本願という言葉でいいあらわされてきているのだと思います。

『無量寿経』では、本願ということとともに、本願成就ということが説かれています。本願成就ということは、けっしてその本願が実現したということではありません。私たちが日常に願いをもち、そしてその願いが実現したときは、願いが消える時です。願っていたことが実現したら、もう願いはいらないのです。願う必要がなくなる。願いが実現したときには願いが消える。

次から次へといろいろな新しい願いをもちますから、一つの願いが成就して消えても、また新しい願いで生きるということがあります。しかしそういう願いは、今いいましたように、私が生きていくうえでの、あれこれの願いにしかすぎない。

あの学校に入りたい、この会社に入りたい、自分の家をもちたい。そういった願いは、それが実現したらもう願う必要がなくなる、そしてその願いは消える。

自分の願いがすべて満たされ、願いが全部消えてしまった世界を、仏教では天上界として説かれてあります。ですから天上界は、すべての願いが満たされて、もう後には退屈が残るだけ。自分の今いるところがよろこべないという、不楽本座《ふらくほんざ》の世界です。

天上界に住む天人にも、衰えることがあると説かれています。「天人五衰」といわれ、五つの衰えがあるといわれるのですが、その五衰の一番根本が不楽本座です。この不楽本座というのは、私たちの身近な言葉に言い換えますと、所在がないということです。

人間にとっては、所在がないということほど苦しいことはない。ですから、経典の中には地獄の苦しみよりも天上界の苦しみのほうが深いと書かれているわけです。天上界は願いが満たされた世界ですから、理想郷です。その理想郷というのは、よほど有り難い世界かと思っていましたが、実は願いが全部消えてしまっている世界だったのです。願いがすべてなくなって、あとに我身だけが残ってしまっている。その我身の置きどころがない、所在がない。そういう世界を、天上界と教えられているのです。

私たちは、願いというのは、かなえられて消えていくものだと思っていますから、本願成就ということも、本願として誓われていたことが全部実現したことだと思うわけです。しかし、そうではなくて、実は本願成就ということは、本願が、願が力になることなのです。これは、親鸞聖人が尊ばれた、曇鸞大師が説かれていることです。

願もって力《りき》を成ず、力もって願に就《つ》く。願、徒然《とねん》ならず、力、虚設《こせつ》ならず。力・願相符《あいかの》うて畢竟《ひっきょう》じて差《たが》わず。かるがゆえに成就《じょうじゅ》と曰《い》う。

（「行巻」聖典一九九頁）

といわれます。

願が力となり、その力つまり具体的な歩みが、いよいよ願を明らかにしていく。願が力を生み出し、力が願を新しくしていく。そういう無限の歩みを本願成就というのです。願が力を成就し、力が願につくという成就ですね。

つまり願が、人間を動かしていく力になる。具体的にその人が生きていくことで、その願が新しく、常にいよいよ新しくされていく。そういう無限運動が、本願の成就ということなのです。

十一、永劫に人は

私たちは、この社会から差別をなくし、平等なる世界を実現しようと願います。その願いは、どこまでも願いとして一生涯生き続けられるべきものです。それは、どこまでいっても、これでよしということを許さない、無限の歩みを呼びさますものなのです。

私はこれだけのことをした、だから私は批判されるようなことはない。そのように、自分でしてきたことで自分を立てていくような、そういう在り方をどこまでも破っていくものが、願に生きるという世界です。

平等社会を実現するという課題も、それはどこまでもいのちある限り、歩み続けなければならない道だと思います。何年か先に実現して、実現したうえはもう左うちわで、平等を楽しめるということではないのです。そこでは、限りなく自分の在り方が問いかえされる。自分自身というものが、その願に押し出されていくという、そういう無限の運動、歩みが呼びさまされていくのだと思います。

「人の世に熱あれ、人間に光あれ」といわれた、その熱という意味も、私にはそういうように思われるのです。

身近な例でいいますと、このごろ大変問題になっています車内暴力です。自分が乗り合わせた電車の中で暴力がふるわれて、ひとりの人が不当に傷つけられている。それに対して、自分は居眠りをしていたから自分に責任はないといえるのか。それはどこまでも人のことであって、自分のことではないといえるのか。

ただ、具体的に考えますと、私自身が車内暴力の起こった現場にたまたま乗りあわせたときに、いったいどういう行動がとれるのか。とてもじゃないですが、偉そうなことをいえるような私ではありません。それこそ、衝動的に立派な行為をするかもしれませんが、いくじなくだんまりをきめこむかもしれません。現実にその場に立たされたら、いったいどういうことをするかわかりません。まさに、縁があればいかなる振る舞いをもするということで、自分のなかに、こうするだろうという自信はないわけです。

ただひとつ、私がその車内暴力の起こった電車に乗りあわせていて、しかも積極的にそれをとめることができなかったとしても、少なくとも、そういう自分を恥じる心だけは失いたくない。実際にどういう行動をするかは、その場にならなければ何ともいえないわけですけれども、しかしひとつの願いとして、それこそ自分自身にできるひとつだけはと思うことは、その恥じるという心をもつことです。

恥じる心をもったとしても、実際に何もしなかったら駄目じゃないか、そんなことなら、どんなに恥じるといっても意味がない。たしかにそうです。けれども、自分が本当に恥じるなら、恥じる心をお互いに呼び掛けあい、お互いの心として、ひとつの力にまでしていくことはできるはずです。本当にそのことに恥じるならば、そういうことは恥ずかしいことだとお互いにいいあう、そういう心をお互いに保ちあう。そのことはやがて、大きなひとつの力になると思います。

この衆会というものは、一番根本のところではそういう場ではないかと、私は思うのです。一人ひとり具体的な場でどう生きていくかは、これからはじまる歩みです。けれども、そのもとに、車内暴力の譬えでいうならば、そういう事実を見て、しかもそういう事実から目をそらしているという自分の在り方に恥じる。その心を少なくとも、今ここに集まった私たちだけでも確認しあうなら、それは必ずひとつの力になるはずです。そのことにおいて、本当にお互い、自分はそれによって生きていく、人間として生きていく、そういう願いをたしかめあうならば、そのことは大きな力になっていくだろうと思います。そしてそこに、一人ひとりが本当にこの人生全体をあげて願うべき願いをたずねていく道が開かれてくる。そして、そこにはじめて、この西光万吉さんの「人は永劫に人と闘ひ、人を殺すであらう。しかもこの精華あるが故に人世は暖かく湿ふ」そういわれている言葉の心が、頷かれてくると思うわけです。

資料

水平社宣言

全国に散在する吾が特殊部落民よ団結せよ。

長い間《あいだ》虐《いぢ》められて来《き》た兄弟《きやうだい》よ、過去半世紀間《かこはんせいき》に種々《しゆじゆ》なる方法《はうはう》と、多《おほ》くの人々《ひとびと》によつてなされた吾等《われら》の為《た》めの運動《うんどう》が、何等《なんら》の有難《ありがた》い効果《かうくわ》を齎《もた》らさなかつた事実《じじつ》は、夫等《それら》のすべてが吾々《われら》によつて、又他《またた》の人々《ひとびと》によつて毎《つね》に人間《にんげん》を冒瀆《ばうとく》されてゐた罰《ばち》であつたのだ。そしてこれ等《ら》の人間《にんげん》を勦《いたは》るかの如《ごと》き運動《うんどう》は、かえつて多《おほ》くの兄弟《きやうだい》を堕落《だらく》させた事《こと》を想《おも》へば、此際吾等《このさいわれら》の中《うち》より人間《にんげん》を尊敬《そんけい》する事《こと》によつて自《みづか》ら解放《かいはう》せんとする者《もの》の集団運動《しうだんうんどう》を起《おこ》せるは、寧《むし》ろ必然《ひつぜん》である。

兄弟《きやうだい》よ、吾々《われわれ》の祖先《そせん》は自由《じゆう》、平等《びやうどう》の渇仰者《かつごうしや》であり、実行者《じつかうしや》であつた。陋劣《ろうれつ》なる階級政策《かいきゆうせいさく》の犠牲者《ぎせいしや》であり、男《おとこ》らしき産業的殉教者《さんぎようてきじゆんけうしや》であつたのだ。ケモノの皮剝《かはは》ぐ報酬《ほうしゆう》として、生々《なまなま》しき人間《にんげん》の皮《かは》を剝《は》ぎ取《と》られ、ケモノの心臓《しんぞう》を裂《さ》く代価《だいか》として、暖《あたたか》い人間《にんげん》の心臓《しんぞう》を引裂《ひきさ》かれ、そこへ下《くだ》らない嘲笑《ちようしよう》の唾《つば》まで吐《は》きかけられた呪《のろ》はれの夜《よ》の悪夢《あくむ》のうちにも、なほ誇《ほこ》り得《う》る人間《にんげん》の血《ち》は、涸《か》れずにあつた。そうだ、そして吾々《われわれ》は、この血《ち》を享《う》けて人間《にんげん》が神《かみ》にかわらうとする時代《じだい》にあうたのだ。犠牲者《ぎせいしや》がその烙印《らくいん》を投《なげ》げ返《かえ》す時《とき》が来《き》たのだ。殉教者《じゆんけうしや》が、その荊冠《けいくわん》を祝福《しゆくふく》される時《とき》が来《き》たのだ。

吾々《われわれ》がエタである事《こと》を誇《ほこ》り得《う》る時《とき》が来《き》たのだ。

吾々《われわれ》は、かならず卑屈《ひくつ》なる言葉《ことば》と怯懦《けふだ》なる行為《かうゐ》によつて、祖先《そせん》を辱《はづか》しめ、人間《にんげん》を冒瀆《ぼうとく》してはならぬ。そうして人《ひと》の世《よ》の冷《つめ》たさが、何《ど》んなに冷《つめ》たいか、人間《にんげん》を勦《いたは》る事《こと》が何《な》んであるかをよく知《し》つてゐる吾々《われわれ》は、心《こころ》から人生《じんせい》の熱《ねつ》と光《ひかり》を願求礼讃《がんぐらいさん》するものである。

水平社《すいへいしや》は、かくして生《うま》れた。

人《ひと》の世《よ》に熱《ねつ》あれ、人間《にんげん》に光《ひかり》あれ。

大正十一年三月

全国水平社創立大会

真宗大谷派『部落問題学習資料集（改訂版）』

「業報に喘ぐ」（抜粋）

西光万吉

吾等は全体を見ねばならぬ。そこには必ず、誰れも彼れもが、二人ならんで通り得ない、二人つゞいて通り得ない、唯一人のみにゆるされた白道を、各自の業報に喘ぎつゝ進み行く相が見られる。「人世の事実をあるがまゝに見、それを愛すること」は、所詮のがれ難い業の姿を凝視して念仏する事である。「念仏して地獄におちたりとも、さらに後悔すべからずさうらう」時、吾等のまへに超倫理の世界が展開される。「必然の王国より自由の王国への跳躍」である。この跳躍が水平運動を生むのだ。恰もケルト人の様に「彼等は勇敢にはなり得るが、快活にはなり得ない」といはれる吾等の「嘆かひ」の歴史は、毎に賤民としての絶望的反抗と自棄的諦めと屈辱的感恩との記録であつた。けれども、いまやこの賤民として試練せられたる吾等こそ、実に「よき日」の為に闘ふべき光栄ある選民として、記録されるべきものとなつた。

吾等は社会進化の必然を信じる。そしてその流れに船を乗り入れる。勿論それは不自然と称ばれる到底果たし得ない遡行ではない。そこに吾等の喜びがある。そして吾等が、このやがて来る可き「よき日」を翹望する時、侮辱の記憶のないノオブルマンの知り得ない歓喜踴躍を覚ゆる。けれどもこれは、その歓喜をより覚ゆる為に、この侮辱の記憶を新にせよといふのでは無い。下らない同情と改善との為に吾等部落民が、念仏と懺悔の為に凡夫の罪悪が必要だといふのではない。それは、余りに崇と過ぎる同朋主義の為に社会改造の基調が必要であるのは、文明の為に奴隷が必要である様に、ギリシヤの哲学者と親鸞聖人の正しい見方をする人にのみ必要なだけである。人はパンのみで生き得るものではないが、パン無くしては生き得ない。同様に、人は社会的にのみ生きているものではないが、社会なしには生き得るものではない。一人分以上のパンの持ち主にこそ、人はパンのみにて生きる者で無い事を教へよ。けれども、悲惨なる社会的存在に苦しめられる者に誤同朋主義を押付ける事は余りに崇と過ぎる。それは丁度、貧乏人に、より節約せよと教えるブルジョアの誤親切である。吾等にはそんなものは要らない。

併し乍ら、吾等にもかつてはそんなものの必要があつた。それは、吾等が余りに虐められていたからである。ワイルドにいはせると、これは「悲惨と貧窮とが人間の本性を麻痺させるやうな影響を齎らすほどに烈しくなつてゐた」からであり、モリスの言をかりると、「かくの如く悲惨にして且つ貧弱なる存在に到らしめたが為に、彼等は殆んど今日持続するものより更によき生活を考慮する事が出来ない」からであつた。けれども社会進化の必然は、つひに吾等を呼び覚した。「汝自らを知れ」そして「汝自身であれ。」

けれども、吾等のある余りに麻痺と考慮を奪はれてゐる為にこの声を信じえない、堪《た》え難い悲劇はそこに見られる。それは恰も、フランス革命の最大の悲劇的事実は、マリー・アントアネットが皇后なるが故に殺されたといふことではなくて、ブアンデーの飢《う》えたる百姓たちが自ら進むで死を賭して、恐怖すべき封建制度に味方した事である様にいたましい。吾等の兄弟が、下らない愛他主義の売名家共と、カイザルの所謂「人民の為に保存しておかねばならぬ宗教」の旗持ち共に引率られて、吾等の前に立ち塞がる事である。ブアンデーの飢民連よ、いたましい吾等の兄弟よ、おまへが貧乏人や部落民やの最善のものは決して感恩的でないといふ事を知つてくれたなら、恐らく贅沢な食卓からこぼれ落ちるパン屑に尾を振りはしないであらう。売名家と旗持ちよ、社会進化の必然を阻止せんとする悪業の者共よ、しかも汝は多くの愛すべき吾等の兄弟を、自らの如くあはれな蟷螂にして龍車に向はせる。

化け者共、私は汝のいふ如く、現代社会の反抗者かも知れないが、それはそれがあまりに吾等の「人間」を冒瀆するからだ。そして汝は、私が社会進化の反抗者ではなく、「よき日」の信者であるといふ事も忘れずに覚えて置くがよい。吾等は、吾等の「人間」生活に抑圧を加へる為の僭越なる企てを伴う一切の誤親切をお断りする。

偏頗なる浄罪の笑ふべき誤芳志は要らない。吾等に要るものは、真に親鸞の魂に燃えた信仰の焔である。その正邪、善悪の何物をも焼きつくす業火の中に開く超倫理の精華である。人は永劫に人と闘ひ、人を殺すであらう。しかもこの精華あるが故に人世は暖かく湿ふ。

（真宗大谷派『部落問題学習資料集（改訂版）』）

あとがき

本書は、真宗大谷派京都教区同和推進本部（後の同和協議会）主催の同和衆会における宮城顗先生の講話を編輯したものです。その当時（一九八五年前後）作られた講話録には奥書がなく、宮城先生が講話を行われた衆会の年月日も記されていないため、本書に収録した講話がいつのものであるのか詳細は不明です。ただ、たいへん貴重な講話であることから、ながく出版の機会が待たれていたものです。

講話は、当時、真宗教学研究所所長を退き九州大谷短期大学教授に就かれた先生が、真宗大谷派から発刊されたテキスト『宗祖親鸞聖人』と、「同和（現・部落差別問題）学習テキスト『仏の名のもとに』」を受けて、教団の原理をなす真宗教学や信心について、差別するものの課題として、宮城先生ご自身の領解を述べられたものです。

およそ半世紀前、一九六〇年代末の真宗大谷派にあって、難波別院事件とよばれる部落差別事件がありました。この事件を機に、教団の組織や制度に潜む差別性や、誤った真宗理解にもとづく教説（教学）や、信心の差別体質が厳しく問われ、差別教団の実態が明るみになるなかで、部落解放にむけた同朋教団の立て直しが願われるようになりました。

混迷の時期をくぐり、一九七六年、真宗教学研究所所長に就任し、真宗教学の再建を托された宮城顗先生と、真宗の同和運動の推進を托された藤元正樹先生が中心になって、既述の二つのテキストが構想され、一九七七八年秋、同時に発刊された経緯があります。双生本として、同朋会運動と同和運動が合わせ鏡のように、それぞれに緊張関係にあることを示すものでした。

宮城先生は本書でも吐露されているように、「三悪趣・地獄の教説を実体的に説いて、差別を助長してきた歴史があり、教説を利用して人びとの目覚めようとする意識をかえって眠らせてきた」歴史を生きてきたことを述懐し、「私の信心が生きた信心かどうか、生活の場で問われてくる」と身近な事例をあげながら、「身の事実」に立つことを呼びかけられます。そして、「それだけに、私たちは深く真の教えの意味というものを教法に聞いていかねばなりません」と、教学の徒として、自らの意を表明されています。

本書はそうした歴史的・社会的な悲願から生まれたものです。差別とは何かという問いの前に身をさらしながら、『仏の名のもとに』を聖典の一つとして、真宗とは何かということを、教法に向き合い続けられた対話集であると思います。

なにより、講話の中で、宮城先生のご生涯において無二の法友である藤元正樹先生に相い呼応される姿が浮かび上がります。両テキストをめぐって、藤元先生が『「宗祖親鸞聖人」に同和問題を学ぶ』（『身同』連載）に続いて『解放への祈り』（東本願寺出版部）を著されています。その同時期の宮城先生の講話が、今回、先生の十三回忌を機縁として、本書となって、法藏館から出版される運びになったことをよろこばずにおれません。

本書をとおして、お一人おひとり、あらたに宮城先生に出会い、対話のご縁が開かれますことを願います。そして、差別問題を自らの生きる課題として荷なってくださることを念じます。

二〇二〇年四月

真宗大谷派普賢寺住職　蒲池義秀

宮城　顗（みやぎ　しずか）

1931年、京都市に生まれる。大谷大学文学部卒業。大谷専修学院講師、教学研究所所員、真宗教学研究所所長を歴任。真宗大谷派本福寺前住職。九州大谷短期大学名誉教授。2008年11月21日逝去。

自覚なき差別の心を超えるために

二〇二〇年四月二〇日　初版第一刷発行

著　者　宮城　顗

発行者　西村明高

発行所　株式会社　法藏館
京都市下京区正面通烏丸東入
郵便番号　六〇〇-八一五三
電話　〇七五-三四三-〇〇三〇（編集）
〇七五-三四三-五六五六（営業）

装幀者　野田和浩

印刷・製本　中村印刷株式会社

ISBN978-4-8318-7919-6 C0015